CE QUE NOUS DISENT LES DÉFUNTS

DU MÊME AUTEUR
CHEZ LE MÊME ÉDITEUR

Nous sommes leur paradis, 2008.

Nos proches ne meurent jamais, 2007.

ALLISON DUBOIS

CE QUE NOUS DISENT LES DÉFUNTS

Avant-propos de Joe DuBois

traduit de l'américain par
Maryline Beury

ARCHIPOCHE

Ce livre a été publié sous le titre
Secrets of the Monarch
par Fireside, New York, 2007.

Notre catalogue est consultable à l'adresse suivante :
www.archipoche.com

Éditions Archipoche
34, rue des Bourdonnais
75001 Paris.

ISBN 978-2-35287-879-7

À mes filles tout d'abord, à qui je vais passer un lourd flambeau. Quels que soient leurs choix à venir, je sais qu'elles feront les bons.
À mon mari, Joe, qui sait modérer mes excès et me prendre dans ses bras quand j'en ai besoin.
À ma grand-mère Jenee, qui m'a appris à regarder au-delà des apparences.
À mes parents, bien sûr, Mike et Tiena, qui m'ont permis de faire partie de ce monde.
Aux habitants de Pinetop, grâce à qui je peux revenir en enfance chaque fois que j'y retourne.
Et enfin à Steve Erwin, dit « le Chasseur de crocodiles », qui fit grande impression sur ma famille et sur moi-même en nous permettant d'être les témoins de l'incroyable vie qui est la sienne.

Avant-propos

Les gens de plume sont de drôles d'oiseaux : ils ont beau échafauder des plans, c'est toujours l'écriture qui décide finalement de les emmener là où elle veut aller. Cela fait maintenant cinq ans qu'Allison a eu l'idée de ce livre – avant la diffusion de la série *Medium*, et avant même la parution de son premier ouvrage. J'ai conservé ses premières prises de notes, manuscrites et datées, qui en attestent. Ces notes originales parlent d'un autre moment de notre vie, et, comme vous pourrez le constater, revêtent désormais une autre signification. Voici l'histoire d'une métamorphose.

Monarque

13 avril 2006

S'il te plaît, papa, fais-nous entendre aujourd'hui la chanson « L'Histoire de la vie » pour l'anniversaire d'Aurora. J'ai besoin de sentir que tu es avec nous.

À l'origine, ces notes devaient faire l'objet d'un chapitre entier dans le premier livre d'Allison. J'ignore pourquoi ce brouillon portait le titre de « Monarque » : lorsque je le lui ai demandé, elle m'a seulement répondu que cela sonnait bien. Son premier ouvrage ayant suivi de peu la mort de son père, tout ce qu'elle écrivait à cette période portait les couleurs de ce deuil. Dans le cas présent, elle explorait ses sentiments de joie et de peine mitigés, le jour de l'anniversaire de notre fille aînée. Je suis sans cesse stupéfait par la façon dont les capacités d'Allison imprègnent tous les éléments de son existence. Elle ne peut se permettre le luxe d'*imaginer* que son père puisse l'entendre. Quand je parle de luxe, je veux dire par là que, à l'inverse, celui qui *sait*, comme elle, qu'il est entendu de l'autre côté, doit être capable de faire face au poids émotionnel de la situation en cas d'absence de réponse du défunt.

> Aurora est née au moment de la sortie du film *Le Roi lion*. Pour nous, la chanson « L'Histoire de la vie » est donc rapidement devenue « la sienne ». Lors du dixième anniversaire de ma fille, mon père me manquait beaucoup. Je savais qu'on ne peut adresser de requête à l'autre côté, mais ma demande n'était pas vraiment une requête – juste un élan du cœur, d'une fille à son père. Peut-être m'entendrait-il ? Joe, les filles et moi sommes sortis pour prendre le petit-déjeuner. Sur la route menant au McDonald's, j'ai pensé à l'amour que mon père portait à Aurora, et à la façon dont il s'illuminait chaque fois qu'il la voyait. Ce jour-là, je me suis

sentie très heureuse d'avoir des filles qui, d'une manière ou d'une autre, sont aussi un peu le reflet de mon père.

« L'Histoire de la vie » est un concept riche qui peut réellement nous aider à regarder nos existences sous un autre angle, plus large. C'est une autre façon de décrire le principe du monarque dont Allison nous instruit dans ce livre. Comme je l'ai évoqué, elle ne savait pas pourquoi elle avait instinctivement choisi le terme de « monarque ». Elle le trouvait simplement approprié. Ce n'est que plus tard, après avoir relu ses notes, que je lui ai expliqué que le papillon appelé monarque était connu pour ses migrations Nord-Sud, étalées sur plusieurs générations, dans le but de revenir au lieu de naissance de ses grands-parents. C'est à ce moment-là que nous avons pris conscience de la profondeur du concept.

Je me trouvais avec Joe dans la cuisine, lorsque je bondis soudain de ma chaise pour me ruer dans la chambre. « C'est la chanson, mon père nous passe la chanson d'Aurora ! »

Mon mari vint m'y rejoindre et me dit qu'il allait chercher Aurora.

Tandis que des larmes de gratitude coulaient sur mon visage, une image de mon père tenant Aurora dans ses bras à la clinique où je venais d'accoucher me revint soudain en mémoire. Les paroles de la chanson me semblèrent plus émouvantes que jamais : j'en fus à la fois apaisée et bouleversée.

Beaucoup d'événements se sont en effet produits ce jour-là. Aurora est née à un moment qui nous a permis de nous approprier un peu cette chanson. Les capacités, la personnalité et les sentiments d'Allison ont façonné son besoin et son désir de l'entendre à la radio durant cette journée. Enfin, le père d'Allison a eu le cœur suffisamment grand pour exaucer le vœu de sa fille. J'ai vu ces trois générations réunies dans une même pièce, en ce jour si particulier, autour d'une chanson qui résume une partie du message qu'Allison allait transmettre dans son troisième livre. Mais le plus important n'avait pas encore été prononcé.

> Aurora s'est avancée vers moi en souriant.
>
> — Aurora, c'est grand-père qui t'offre cette chanson. C'est son cadeau pour ton anniversaire.
>
> — Je sais, maman.
>
> Elle sait ! C'est incroyable, mais mes enfants comprennent cela. Et rien ne pourrait me combler davantage.

Aussi étonnant que cela puisse paraître, Aurora savait très bien ce qui se passait – en l'occurrence, que cette musique était envoyée par son grand-père ! Les images du papillon et de « L'Histoire de la vie » m'évoquèrent alors clairement les dons que les familles se transmettent d'une génération à l'autre, afin que les derniers arrivés aient les moyens de voler dans la direction de leur choix, et aussi haut qu'ils le souhaitent.

Joe m'a regardée.

— Allison, tu as bondi de ta chaise avant même que la chanson ne démarre à la radio. Les premières notes ont commencé alors que tu entrais dans la chambre.

Il est vrai que je me demandais comment j'avais pu entendre cette radio depuis l'autre bout de la maison. Je suppose que c'est l'avantage quand on fait mon métier. «Merci d'être toujours là, papa!»

Je veux partager cette histoire parce que, après la mort, il faut maintenir la communication avec ceux qui ont disparu. Parlez-en à vos enfants: qu'ils sachent que nous ne sommes pas seuls.

Lorsque le moment d'écrire son troisième livre est arrivé, Allison ne savait trop par quel bout le prendre. Elle avait certes ses notes originales, mais, avec le recul, leur signification avait changé. À l'instar de la métamorphose de la chenille en papillon, la pensée d'origine avait évolué en un nouveau concept, sans pour autant perdre son sens premier. Le concept du monarque repose sur l'idée que nos existences individuelles font partie d'une histoire plus vaste, impliquant nos amis et notre famille. Pour ma part, j'ai compris que la singularité du monarque représente davantage que le joli récit de la métamorphose d'un papillon. C'est aussi l'histoire de multiples générations qui s'appuient chacune sur le travail et l'énergie des autres pour créer un grand cycle de vie où tout le monde a sa place et son rôle à jouer. Je souhaite que vous puissiez reconnaître les efforts des générations passées – ainsi que le potentiel de celles à venir – au sein de votre famille, afin d'obtenir une vision globale sur les leçons que l'on a apprises et que l'on doit transmettre. Allison m'a également appris que les liens familiaux sont les mêmes en cas d'adoption ; le cadre est simplement plus grand. Par ailleurs, les personnes qui se trouvent dans ce cas de figure se révèlent souvent les plus aptes à l'introspection, étant très à l'écoute de là d'où elles viennent et de là où elles vont – ce qui est une grande qualité.

On me demande souvent comment je fais pour vivre au côté d'Allison. Cela m'a tout d'abord vexé. Je me demandais plutôt comment je ferais pour vivre loin d'elle ! Je l'ai épousée car il me semblait inconcevable de vivre sans sa présence. Puis j'ai compris que ce qui intriguait les gens, c'était en fait comment on pouvait vivre auprès de quelqu'un qui lit dans les pensées. J'ai trouvé ma propre réponse à cette question.

Je distingue de grands thèmes dans ma vie. Je suis le produit de mes parents et de mes grands-parents. Les petites et grandes choses qui me sont arrivées tandis que je grandissais m'ont conduit à devenir l'heureux époux d'une extralucide.

Le fait d'être marié à une femme médium implique d'accepter la mort des gens. Un décès est généralement vécu comme un événement tragique, qui affecte profondément ceux qui restent ; le retour à la normale n'est alors pas toujours évident. Nombreux sont ceux qui préfèrent ignorer le sujet avant d'être directement concernés, tant les émotions sont douloureuses et les mots difficiles à trouver lorsqu'il s'agit de réconforter quelqu'un dans la peine. L'idée de la mort effraie beaucoup de personnes, probablement parce que celle-ci les renvoie à leur propre disparition. Je suis comme tout le monde. J'ai juste eu la chance d'avoir un grand-père, Joe, qui gérait des cimetières pour l'Église catholique. En ce qui me concerne, cela a banalisé la notion de mort, pour en faire un élément comme un autre de mon histoire, dénué de toute émotion dévastatrice. Je remercie mon grand-père de ce cadeau, dont il n'a probablement jamais pu mesurer l'importance qu'il aurait dans ma vie. Marion, son épouse, était une femme adorable : je me suis senti très aimé sous leur regard.

Être le mari d'Allison implique aussi un apprentissage permanent sur ce qu'elle entreprend, et de le partager avec les autres. Mes autres grands-parents, Paul et Mary, étaient enseignants. Même si je ne me souviens pas des moments passés avec mon grand-père – il est mort alors que j'étais très jeune –, j'ai toujours eu le sentiment qu'il n'était pas loin de moi, invisible mais présent. J'ai longtemps cru que cela était dû au fait que j'étais très proche de ma grand-mère qui l'aimait énormément. Maintenant que je suis plus âgé, je pense que, même si cet amour était bien réel, mon sentiment venait sans doute d'ailleurs. Ma grand-mère était très vive pour son âge, et dotée d'une forte personnalité. Elle transmettait son savoir par bribes, dans des phrases définitives comme : « Vis ta vie comme si tu faisais la une des journaux. »

J'ignorais alors que ce ne serait pas loin d'être la réalité !

Je suis le plus jeune d'une fratrie de cinq garçons, élevés dans un foyer serein. Mon père était ingénieur en chimie, et ma mère, MaryFrances, enseignante, bien qu'elle eût choisi de rester à la maison pour élever ses cinq enfants. J'appris ainsi très tôt à être pragmatique, à avoir un esprit critique, et à manger aussi vite que possible sous peine de me faire piquer mon repas par l'un de mes frères ! L'adage selon lequel il vaut mieux demander pardon que demander la permission n'avait pas cours chez moi. Il valait mieux être sûr de qui l'on était, et en accepter les conséquences – ce qui allait m'être fort utile par la suite.

C'est mon père qui m'a appris à être méthodique et curieux. D'une certaine manière, il a aussi fait don de sa vie pour me permettre d'accepter les activités d'Allison. Il est mort quelques mois avant le début de notre relation. Elle ne l'a donc jamais rencontré de son vivant. Allison et moi nous sommes fréquentés pendant un an avant de nous marier. Il fallut quelques années de plus pour qu'elle me révèle qu'elle pouvait communiquer avec les morts. Les premières personnes avec lesquelles elle rentra alors en contact furent mon père et mon grand-père. Elle vit que mon père portait des nœuds papillons et faisait collection de règles à calcul. Elle eut connaissance de certaines choses que j'ignorais au sujet de mon grand-père, et que ma grand-mère me confirma ultérieurement, comme son goût pour certains petits plats bien spécifiques.

Les gens semblent fascinés à l'idée que je vive avec quelqu'un qui peut lire dans mes pensées. Mais j'ai toujours connu Allison ainsi, il n'y a donc pour moi rien d'étonnant à ce niveau dans notre relation. Je suis tombé amoureux d'elle dès notre première rencontre. Et je n'ai rien trouvé d'étrange à ce que cette femme, que j'aimais, soit capable de finir mes phrases et paraisse connaître mes pensées ; cela ne fait-il pas partie de l'amour ? De mon côté, je m'interroge sur la quantité de petits ou de gros mensonges qui doivent émailler la vie des autres couples !

J'ai donc grandi en m'entendant dire d'assumer qui je suis, et de vivre ma vie comme si elle faisait la une des journaux : après cela, vous comprendrez qu'il est aisé de vivre avec une personne qui peut lire dans votre esprit.

En réalité, cette situation ne fait que révéler combien Allison m'aime. En effet, je suis un livre ouvert pour elle, et elle continue de m'aimer. Le seul problème concerne les cadeaux. J'ai donc récemment adopté une approche différente de la chose : plutôt que d'essayer de lui cacher le cadeau, je lui en fais ouvertement la promotion, comme d'un événement à venir, afin qu'elle s'impatiente et se réjouisse !

Revenons-en maintenant aux papillons. Le monarque nous apprend à mettre nos vies dans le contexte de celles des autres. Mais il existe un autre effet papillon, que j'ai appris en étudiant la dynamique non linéaire lors de mes cours de mathématiques en faculté. Celui-ci constitue le fondement de la théorie du chaos, et c'est Edward Lorenz qui l'a, le premier, formalisée. Ce concept fait référence aux caractéristiques des systèmes chaotiques, dont les états varient selon leur sensibilité aux conditions initiales. En d'autres termes, un phénomène aussi insignifiant que le battement d'ailes d'un papillon au Brésil suffit – théoriquement, du moins – à déclencher une tornade au Texas. J'ai maintenant la pleine conscience que ce concept relie parfaitement le monarque d'Allison et ma propre existence. Toutes les petites choses que mes parents et grands-parents ont faites ont une influence sur moi. De la même façon, je suis persuadé que tout ce que je fais influencera d'une façon ou d'une autre le futur de mes enfants, souvent sans que je le sache. Je sais aussi que les actions d'Allison continuent d'influencer positivement la vie de nombreuses personnes. J'espère par conséquent que la lecture de ce livre agira en ce sens et provoquera en vous un bel effet papillon.

Joe DuBois

Introduction

Il est, chez les papillons, connus sous le nom de «monarques», une caractéristique que l'on retrouve aussi dans l'espèce humaine. Il faut en effet plusieurs générations à ces papillons pour accomplir la migration qui assurera la survie de leur descendance.

Nous autres, humains, ne sommes pas si différents. Il nous faut toute une vie pour retenir quelques leçons fondamentales, être un peu plus sages, et transmettre ces enseignements à nos enfants et petits-enfants. Nous ne pouvons certes pas vivre éternellement, mais une partie de nous demeurera dans les souvenirs que nous aurons laissés, et contribuera à faire avancer nos amis et notre famille. Nous avons tous la possibilité d'aider quelqu'un que nous aimons à faire mieux, à vivre plus fort et à apprendre davantage, afin que cette personne puisse à son tour le transmettre à ceux qu'elle aimera, qui le feront ensuite eux-mêmes, et ainsi de suite. N'hésitez donc pas à vous faire l'écho des histoires et des traditions de votre famille, pour que votre entourage s'enrichisse de ces multiples expériences.

L'objectif de ce livre est d'aider chacun à vivre une vie meilleure, à prendre conscience de la valeur de la vie et savourer ainsi chaque jour ce qui vous est donné. Une partie de ce parcours dépend directement des relations que nous établissons avec les autres, et de notre capacité à apprendre de leurs témoignages. Ce faisant, on fait grandir son empathie pour devenir un bon élève à l'école de la vie. N'oubliez jamais que, si vous vivez bien, vous mourrez sans regrets : la clé est dans l'intégrité que vous déployez envers vous-même et envers les autres. On y parvient en évitant l'avidité et l'égoïsme, ainsi qu'en développant son empathie, sa sagesse et, bien souvent, son affirmation de soi.

1

Être plus fort

J'ai décidé de commencer cet ouvrage en vous faisant partager certaines expériences personnelles, pour vous montrer combien le fait de croire en la vie après la mort peut aider de nombreuses personnes à être plus fortes au quotidien. Nous croyons en ceux que nous aimons – nos enfants, notre conjoint, nos amis. Pourquoi penser qu'ils devraient perdre notre confiance après leur mort ? Quand vous vous investissez émotionnellement, vous alimentez cette source de force, ce qui vous expose aussi à une souffrance potentielle. Mais, sans cette source, nous passerions à côté de tant de choses ! Je vous invite par conséquent à me suivre dans ce chapitre, où je vais tenter de vous exposer ma vision de la vie, afin que vous puissiez regarder la vôtre différemment.

En mai 2006, j'étais en tournée à l'occasion de la parution de mon deuxième livre, *Nous sommes leur paradis*[1]. Je fis étape dans la belle ville de Denver, dans le Colorado. L'endroit se révéla pittoresque, et les gens charmants. Je devais intervenir dans une émission de télévision diffusée en matinée, «Colorado and Company». Mon hôtesse (ou ma «coach», pourrais-je dire, puisqu'elle devait veiller au bon déroulement de mon interview) et moi nous sommes rendues dans une salle aux murs verts en attendant que notre séquence soit filmée. Je remarquai alors une petite femme bien mise qui se dirigeait vers moi. Nous nous sommes présentées, et ce fut le début d'une relation qui allait marquer de nombreuses vies – dont la vôtre, je l'espère.

Cette femme n'était autre que Frances Owens, première dame du Colorado. Elle m'adressa quelques compliments et se déclara fan de *Medium*, la série télévisée inspirée par ma vie. On me présenta deux autres femmes, qui allaient également être interviewées au cours de l'émission. Celles-ci travaillaient à la Heart Light Foundation, une association dont la vocation est de soutenir les familles en deuil en mettant à leur disposition des ressources matérielles et une écoute personnalisée. Elles essayèrent de me convaincre de revenir à Denver pour intervenir dans leur groupe de soutien psychologique aux personnes endeuillées. Mon agenda déjà très rempli me permettait difficilement de concevoir ce déplacement dans un délai

1. Presses du Châtelet, 2008.

raisonnable. Je les remerciai donc vivement avant de prendre place sur le plateau où Denise et Mark m'attendaient. Je me permets de préciser que tous deux font partie de mes animateurs d'émissions matinales préférés. Leur grand sens de l'humour les a rendus maîtres dans l'art de vous pousser à donner le meilleur de vous-même dans une interview. Je quittai Denver impressionnée par les personnes que j'y avais rencontrées, et charmée par la ville.

La Heart Light Foundation contacta ensuite mon mari, Joe, ainsi que Frances Owens, et enclencha ainsi le mouvement qui me verrait de retour à Denver cinq mois plus tard. Nos filles venaient alors juste de changer d'école, et elles ne voulaient pas quitter leurs nouveaux amis si rapidement ; c'est donc seuls que Joe et moi prîmes la direction de Denver. Le soir du 19 octobre 2006 fut un agréable moment autour d'un dîner au Keg Steakhouse. Nous avons quelque peu chahuté notre serveur, qui s'appelait Devlin, avec deux ou trois blagues assez puériles sur son prénom[1] (celui-ci se montra d'ailleurs beau joueur et plein d'humour). À la table voisine, un couple s'embrassait langoureusement, et les bruits embarrassants de leurs longs baisers profonds nous décidèrent à rentrer rapidement pour une bonne nuit de sommeil. Vous savez sûrement ce que c'est, nous avons tous un jour ou l'autre eu des voisins de restaurant qui méritaient que l'on raconte la scène à nos amis !

---

1. Le prénom masculin Devlin peut faire penser au prénom féminin Evelyn en anglais *(N.d.T.)*

Le lendemain matin, j'étais de retour sur les plateaux de «Colorado and Company», où l'on m'avait cette fois conviée en compagnie du comédien Hal Sparks, qui se montra aussi sympathique qu'amusant. Il effectuait la promotion d'un spectacle appelé *Celebrity Paranormal Project*, diffusé sur la chaîne VH-1. La corrélation entre lui et moi allait donc de soi.

Un peu plus tard durant cette même journée, je me rendis à la résidence du gouverneur où l'adorable et élégante Frances Owens avait organisé un déjeuner à mon intention en présence de différents membres de la Heart Light Foundation, que je pus rencontrer. Ce fut un merveilleux après-midi avec la meilleure des compagnies. Alors que je dégustais mon dessert en sentant monter l'une de mes habituelles crises (je suis allergique à presque tous les végétaux), je perçus soudain une détresse, due à la perte de proches, chez l'un des invités présents à table. Mais, comme ce n'était ni le lieu ni le moment pour sonder les esprits, je dus refréner mon instinct et sourire gaiement aux séances de photos parmi les autres convives.

Lorsque l'heure du départ arriva, j'embarquai dans la voiture avec Joe et mon amie Andrea, qui est du Colorado et avait eu la gentillesse de nous accompagner à ce déjeuner. La journée, déjà longue, était pourtant loin d'être terminée: j'avais encore trois heures à tuer avant ma séance de dédicaces et mon discours d'entrée à la fondation.

Alors que nous nous dirigions vers le lieu de la soirée, la pluie se mit à tomber si fort qu'il devint difficile de lire le panneau nous indiquant par où passer. En nous rapprochant, nous pûmes constater que ce panneau nous renvoyait vers un autre bâtiment. Nous retournâmes donc à la voiture, pour aller ensuite nous garer dans un parking mal éclairé. Lorsque j'entrai enfin dans le bâtiment, je fus interceptée par des membres de la fondation qui m'emmenèrent dans une pièce latérale. J'étais assise à discuter avec Andrea lorsque je m'aperçus soudain que j'avais du mal à respirer. J'en fis part aux dames présentes dans la salle, qui s'excusèrent alors en m'expliquant que cette pièce servait habituellement aux visites mortuaires. Je vous certifie que c'est vrai : on avait organisé ma séance de dédicaces dans une chambre funéraire ! Pas bon pour moi ! Je n'avais jamais animé de rencontre dans un établissement de pompes funèbres, et je n'en avais pas non plus l'intention. Pour tout dire, je ne m'étais même jamais retrouvée dans un tel endroit depuis la mort de mon père, ce qui ne me simplifiait pas la tâche. Je sortis précipitamment de la pièce pour me rendre dans le hall d'entrée. Là, j'inspirai une grande bouffée d'air frais en prenant conscience de l'énormité de la situation, et en essayant de jauger ma capacité ou non à la surmonter.

On m'accompagna vers une porte derrière laquelle Joe et Andrea patienteraient avec moi jusqu'à ce que je sois annoncée au public. J'étais adossée contre un mur du couloir lorsque mes yeux se posèrent sur un recoin plein de jouets. Je me mis à visualiser les enfants qui avaient joué avec ces objets. Ces enfants n'étaient pas comme les autres.

Ils n'avaient pas l'insouciance et la joie qui caractérisent le jeu. Accablés par la mort qui planait sur leur famille, ces petits ne manipulaient les jouets qu'avec distraction, telle une planche de salut indispensable mais dérisoire en ce jour où ils étaient comme invisibles aux yeux des adultes qui les entouraient.

Mon cœur se brisa à la pensée de ces enfants jouant dans la peine, alors qu'on pleurait leur mère, leur père, frère, sœur ou grand-parent dans la chambre d'à côté. Voiture de course ou cube de couleur en main, je les voyais s'imprégner de la souffrance dégagée par les adultes en deuil, formidables et vulnérables éponges à émotions qu'ils sont à cet âge. L'annonce de mon nom au micro me fit brutalement reprendre pied dans la réalité. Je tentai de recouvrer mes esprits, respirai à fond et murmurai une rapide prière.

Je franchis la porte et fis quelques pas. Sous mon regard troublé se tenaient tous ces gens, mon public, assis en rangs dans cette chambre funéraire. Je fus frappée par l'idée que beaucoup d'entre eux avaient déjà dû s'asseoir sur ces bancs pour assister aux obsèques de leurs proches. Ces mêmes proches qu'ils espéraient retrouver un peu en se rendant à cette soirée de dédicace. Bien que d'une nature posée, je sentais que ce moment s'annonçait des plus ardus pour moi au niveau émotionnel. Et je n'étais pas prête à faire face au sentiment d'angoisse qui me gagnait rapidement, de plus en plus fort. Je cherchai le regard de Joe pour me donner du courage, ce qu'il tenta de faire en m'adressant un sourire plein de compréhension.

Lors de mes prises de parole en public, il m'arrive d'avoir conscience que les mots qui sortent de ma bouche s'adressent à une personne en particulier dans la foule, qui est là pour les recevoir et être touchée par eux. Ce fut le cas ce soir-là.

Après un discours plein d'émotion, où je ne cessai de passer en revue des visages pleins de larmes, je pus enfin m'installer à la table des signatures, près de l'entrée principale. Je me sentis instantanément soulagée du poids écrasant que j'avais sur la poitrine, et qui m'empêchait à la fois de respirer et de fondre en larmes. Le public forma une longue file d'attente, et je commençai doucement à les laisser venir à moi. Tous ces gens étaient charmants et pleins d'intérêt. Je me connectai à eux l'un après l'autre.

Une jeune femme en particulier me remercia d'être venue. Il apparut que nous avions toutes deux perdu notre père la même semaine, de la même façon, et qu'ils se ressemblaient beaucoup. J'y fus d'autant plus sensible que ma présence en ce lieu me rappelait le fait que je n'avais pas vu mon père depuis longtemps. La triste et jolie blonde eut une larme de compréhension, voyant que je n'étais guère différente d'elle. La communion dans cette souffrance me rappela que nous ne sommes jamais seuls et créa un sentiment de proximité entre nous. Je lui serrai la main et lui souhaitai tout le bonheur du monde.

La personne suivante était un homme de très grande taille, qui arborait fièrement autour du cou une chaîne en or, à laquelle était accroché un anneau. « Oh, vous aussi vous portez la bague de votre papa », l'interpellai-je. Il se retourna vers sa femme et lui dit : « Tu as entendu ça ? » Elle acquiesça. Son père avait été un très bel homme, et son fils n'avait jamais cessé d'essayer de lui ressembler. L'homme que j'avais en face de moi était un beau quadragénaire qui avait sûrement hérité de la noblesse de son père.

Je souris en pensant au pouvoir de ce que nos pères nous lèguent. Ils ont possédé notre cœur comme nous avons possédé le leur. Je crois également que ce sont eux qui nous ont donné l'ossature qui nous permet de nous tenir droits, sûrs de nous, pleins du courage qu'il nous faudra pour marcher dans leurs profondes empreintes. Sans même qu'ils aient eu à le demander ou à l'espérer, nous sommes forts de « cela », quoi que « cela » soit. L'amour et l'approbation de nos pères sont des éléments uniques et puissants dans une existence, chaque père tenant un rôle capital dans la vie de ses enfants. On ignore souvent pourquoi on ressent un tel besoin de leur approbation ; on constate seulement qu'une part de nous-même la réclame ardemment. L'homme à qui je m'étais adressée quitta la pièce satisfait et épanoui, et je compris comment, tel un enfant, il venait d'accepter l'héritage de son père, dans un sourire radieux, les yeux brillants. Je le félicitai intérieurement pour cela.

Venait ensuite une jeune femme qui tenait un petit garçon dans ses bras. Le regard de ce bébé aurait fait fondre n'importe quelle femme. L'énergie qu'elle dégageait me faisait penser à ces amis que l'on a eus dans le passé, que l'on a perdus de vue malgré leur valeur évidente, et dont on se dit rétrospectivement qu'on les a laissés tomber trop rapidement. C'est l'amie qui l'accompagnait qui procéda aux présentations, et j'eus instantanément l'impression que je pourrais bien m'entendre avec elles deux. Je percevais les marques d'une perte sur leur visage, ainsi que leur joie et leur nervosité en ce moment précis.

Lorsque je dédicace des livres, je sens bien qu'il y a toujours une forte attente de la part des gens – comme un baume sur leur douleur –, à laquelle je n'ai pas toujours la possibilité de répondre pleinement. Il m'arrive parfois de dédicacer des livres en citant les épitaphes de la tombe du défunt. Je regardai la jeune maman, son fils et son amie. Mes yeux se posèrent ensuite sur mon livre, et sur ces mots en couverture : *Nous sommes leur paradis.* Je me souvins du moment où je les avais prononcés pour la première fois, quelques années auparavant. J'ouvris le livre à la page de titre, en m'imprégnant toujours de ces mots, et je me mis à écrire : « Elle marche avec les anges. » La jeune femme, dont la sœur était décédée, sortit alors précipitamment de la pièce avec son fils dans les bras. « Ne vous inquiétez pas, m'expliqua son amie. Ce sont les mots qui ont été gravés sur la tombe de sa sœur – qui était aussi ma meilleure amie. Elle ne devait pas s'attendre à ça. Je reviens tout de suite. »

Je jetai un regard implorant à mon amie Andrea, dont le visage était inondé de larmes.

— Andrea, je suis désolée. Tu n'avais jamais vu comment cela se passe, et j'aurais dû te préparer à tout ça.

Le désarroi m'envahissait pour de bon, lorsque je sentis sa main agripper la mienne.

— Allison, c'est pour toi que je pleure. Je ne me rendais pas compte de ce qu'était ta vie. C'est moi qui suis désolée.

— Ne t'en fais pas pour moi, Andrea. J'ai la capacité de voir des choses qui échappent au plus grand nombre, et c'est une chance. Je ne veux pas que tu t'inquiètes. C'est vrai qu'il est parfois difficile de ne pas pouvoir partager ce que je vois ou entends, car j'aimerais que chacun ait accès à tout ce que je perçois. Mais je suis heureuse d'être qui je suis, et j'ai l'habitude de provoquer ce genre de réactions. Ce qui est beau, c'est que les mots que je viens d'écrire dans ce livre signifieront quelque chose pour elle et sa famille jusqu'à la fin de leur vie. N'est-ce pas formidable?

Elle m'adressa un sourire et un regard débordants d'amitié et de réconfort. Andrea est l'une des personnes les plus extraordinaires que je connaisse. Il est impossible de ne pas l'aimer!

Profileurs, policiers, procureurs, juges, médecins légistes ou simples fonctionnaires: j'ai de nombreux amis qui pratiquent une activité sensiblement similaire à la mienne. Ils se battent pour neutraliser des malfaiteurs, et continuent cette existence «héroïque», non parce qu'ils ambitionnent d'être des héros, mais juste parce qu'ils sont nés comme ça. Ils ne se considèrent d'ailleurs pas comme tels, et c'est aussi ce qui fait leur grandeur. Tous méritent le statut de héros, mais ce sont avant tout des personnes humbles, ce qui ajoute à leur valeur.

Ailleurs encore, il existe aussi sur Terre tous ces gens ordinaires dont la bonté ferait pâlir l'aura d'un ange. Ces personnes nous rappellent que nous pouvons toujours être meilleurs. Les héros nous procurent ce contraste, ainsi que des gens comme Andrea, pleins de sensibilité et de compassion pour autrui. Je suis persuadée que nombre d'entre nous ont eu l'occasion de croiser le chemin de ces êtres capables de faire de l'ombre à un ange, et dont les anges seraient flattés d'être les amis.

La jeune femme qui s'était enfuie de la salle revint vers moi un peu plus tard avec son petit garçon pour me présenter ses excuses. Je la pris dans mes bras et lui assurai que ce n'était pas nécessaire. J'avais un bras autour d'elle et de son bébé, l'autre autour de son amie, quand je sus que sa sœur disparue était aussi là, bras dessus bras dessous avec nous. Nous prîmes gaiement la pose pour la photo. Je regardai ensuite le bébé qui cessa d'un coup ses gamineries pour me faire un large sourire et me tendre les bras. Sa mère s'étonna qu'il réclame d'autres bras que les siens. Je lui souris et lui dis : « Tu les vois dans mes yeux et je les vois dans les tiens. » Il rit, et nous prîmes congé après ce moment inoubliable. J'entrai ainsi en contact avec des centaines de personnes ce soir-là, et, en dépit du chagrin que beaucoup traversaient, nous sommes tous repartis de cette soirée en nous sentant incroyablement heureux de ces échanges.

Le pendu

Joe et moi avons ensuite récupéré les filles pour nous rendre sur notre lieu de vacances, à Pinetop, en Arizona. J'étais bien décidée à oublier la ville, le crime et la routine. À peine avions-nous franchi la banlieue que nous vîmes une brocante qui excita la curiosité de mes filles. Je ralentis, puis m'arrêtai. Nous fûmes accueillis dès l'entrée du magasin par le propriétaire des lieux, un homme extrêmement sympathique. Mes enfants partirent collecter des pierres dans les nombreux paniers où celles-ci étaient exposées : alun, améthyste, pyrite de fer, etc. Elles avaient mille couleurs et brillaient de mille feux : mes filles les voulaient toutes ! Je leur dis de n'en choisir que deux chacune, et partis faire un petit tour à la découverte des trésors du magasin – les enfants ne sont pas les seuls à adorer ce genre d'endroit, dans notre famille.

Une vitrine où étaient exposées de vieilles photographies attira mon attention. J'ai un goût particulier pour ces images d'autrefois. En les regardant de plus près, je remarquai une photo prise au Texas en 1880. On y voyait cinq hommes qui venaient d'être pendus. L'expression de leur visage était bien visible ; derrière eux, on distinguait même le cheval qui les avait portés jusqu'à la corde. J'étais un peu choquée de voir cette image, prise cent vingt-six ans auparavant, en vente dans ce petit magasin d'Arizona. En sortant de l'échoppe, je ne parvenais pas à me défaire de l'image de ces cinq hommes. Mes filles s'amusaient avec leurs trouvailles, et Joe se concentrait sur la route de nos vacances. Notre escapade fut des plus réussies, et nous fûmes de retour en ville quelques jours plus tard.

Plusieurs semaines s'écoulèrent avant que je ne décide de retourner dans notre petite maison de vacances avec mon amie Wendy, à l'occasion du quatrième anniversaire de la mort de mon père. Je voulais mettre mes idées au clair, prendre le temps de penser à lui et à tous les bons moments passés ensemble. Je voulais entre autres revoir les films que nous avions regardés ensemble durant ma jeunesse. Wendy et moi avons ri devant *Faut s'faire la malle*, pleuré devant *E.T.*, hurlé devant *L'Invasion des profanateurs*, et répondu à de nombreux quiz sur le cinéma. Nous nous sommes amusées comme des petites folles, c'était vraiment de bons moments. Alors que nous tentions de rattraper du maïs soufflé lancé en l'air, le souvenir nous est revenu d'une ancienne et mémorable bataille de pop-corn. C'est typiquement le genre de souvenirs dont je voulais me nourrir pour réfléchir dans ma petite maison.

Plus tard, nous avons pris la route en écoutant à fond de la musique des années 1970 et en buvant du soda. Ces voyages entre filles sont très agréables. Ils nous rappellent combien nous, les femmes, avons de la chance d'être des sœurs, des filles ou des mères. Chemin faisant, je parlai à Wendy de la photo des hommes pendus, que je ne parvenais toujours pas à oublier.

— Wendy, je crois que je devrais acheter cette photo.

— Pourquoi?

— Parce que je pense que je dois la brûler. J'ai l'intuition que ces hommes n'étaient pas tous coupables. Et puis cela fait plus de cent ans que la mort les a emportés au bout de cette corde. Tu sais, les images ont une énergie, et, même s'ils sont partis, ces hommes ne peuvent se détacher complètement du moment de leur mort tant que des gens regardent cette scène. Comprends-tu ce que je veux dire?

Wendy réfléchit un moment et finit par me dire:

— Oui, je crois que tu as raison!

Nous étions maintenant deux femmes avec une mission. Dès que nous arrivâmes en ville, je lui indiquai l'endroit.

— C'est ce magasin.

Les yeux de Wendy brillèrent autant que les miens à l'idée de ce que nous allions faire. Mais qu'allais-je dire à la caisse en achetant cette photo morbide? Qu'importe! Mon esprit palpitait, oscillant entre différents scénarios possibles et des pensées fugaces.

Wendy était occupée à passer en revue les types de sauge que l'on peut brûler pour nettoyer une maison de ses énergies néfastes. Nerveuse, je demandai à l'employée de venir m'ouvrir la vitrine pour y prendre mon article.

— Bien sûr, laquelle voulez-vous? me demanda-t-elle.

— Euh, celle-ci.

Lui désignant l'horrible photo en noir et blanc, je me sentis obligée de me justifier et ajoutai précipitamment :

— J'adore l'histoire, et cette période m'intéresse tout particulièrement.

Elle sembla se satisfaire de ma réponse et encaissa mon achat. Je me précipitai aussitôt vers ma voiture, courant littéralement entre les tipis et autres curiosités du magasin.

— Alors, qu'est-ce qu'on fait, maintenant? me questionna Wendy.

— On dépose nos bagages à la maison. Je ne brûlerai pas la photo là-bas, au cas où les défunts décideraient de se manifester d'une manière ou d'une autre.

Après avoir déchargé nos bagages, je fis un rapide point sur mon état émotionnel, sachant que c'était aujourd'hui l'anniversaire de la disparition de mon père. Sacrée distraction pour un jour pareil, pensai-je.

J'entendis alors une vieille chanson de Roger Miller résonner dans ma tête. Les paroles disaient : « Libère-moi, s'il te plaît, laisse-moi partir... » La chanson prit tellement de place dans mon esprit qu'elle m'empêchait de réfléchir. Et elle repassait en boucle, inlassablement. Mon père aimait ce genre de vieilles rengaines, et je pus constater que j'en connaissais assez bien les paroles ; si toutes ne correspondaient pas exactement à la situation présente, j'avais néanmoins bien saisi le message.

L'instant que le photographe avait capturé fixait dans le temps la honte de ces hommes. Il fallait que cela cesse, et l'on me pressait d'agir en ce sens. Les hommes de la photo ne tiraient aucune fierté du moment immortalisé. Ils regrettaient leurs actes, et je sentais qu'au moins l'un d'entre eux s'était trouvé au mauvais endroit au mauvais moment, qu'il n'avait aucune responsabilité dans les crimes commis. De plus, après avoir payé de leur vie, ces hommes avaient écopé de la peine qui les condamnait à plus de cent années de honte supplémentaire en étant exposés au regard des curieux. Ils avaient déjà payé le prix fort : la punition devait prendre fin.

— Où ça, alors, Allison ?

— Je sais exactement où, Wendy : au Lion's Den. C'est le pub de la région, dans un coin un peu rude… le charme authentique de l'Arizona, quoi ! On y voit plein de cow-boys, dans de gros pick-up ou sur des Harley Davidson. Il y a une cour en plein air, près de la taverne, qui sera parfaite. Je suis persuadée que les défunts s'y sentiront bien. En plus, si cela se passe en plein air, ils ne seront pas attachés à un bâtiment. Déjà qu'il est hanté ! Je serais prête à parier qu'ils ne s'y attarderont pas.

Arrivée au Lion's Den, je commandai une tournée et trinquai à mon père avec Wendy. Celle-ci patienta ensuite à notre table, alors que je sortais. Je marchai jusqu'au fond de la cour et m'assis sur un banc. La photo dans une main, un briquet dans l'autre, j'enflammai enfin précautionneusement l'un des coins de l'image, vieille de cent vingt-six ans déjà – moment où ces hommes avaient rendu leur dernier souffle. L'appareil qui avait pris la photo ne devait plus exister depuis longtemps. Cette image avait voyagé du Texas jusqu'à une petite ville d'Arizona, pour venir un jour accrocher mon regard et parvenir à ce moment où elle serait détruite à tout jamais. En la regardant brûler, je savais que tout cela n'avait rien d'une coïncidence. Elle ne se consumait pas facilement, et je dus la rallumer à plusieurs reprises pour réduire en cendres l'image de ces hommes, mais je fis en sorte que personne ne puisse plus jamais voir les cinq visages au bout de ces cordes. Je sentis alors le soulagement m'envahir, et l'atmosphère devenir d'un coup plus légère. Je pris une bonne inspiration, profonde et apaisante, et prononçai ces mots : « Et voilà. À vous de jouer, maintenant. »

Je ne suis pas convaincue par l'idée selon laquelle les esprits qui restent sur Terre sont ceux des personnes ayant commis de mauvais actes. Pour moi, s'ils restent, c'est parce qu'ils sont encore connectés affectivement à un endroit ou à une personne dont la proximité leur procure du réconfort. Il existe des exceptions, bien entendu ; pour ce qui est de nos pendus, ce n'est pas qu'ils aient été attachés au décor de la photo. Mais, chaque fois que quelqu'un regardait le témoignage de cette infamie, les pauvres bougres s'y trouvaient comme rappelés malgré eux. Ils pouvaient certes se déplacer, mais il existe un pouvoir qui permet aux vivants de se reconnecter aux trépassés par l'intermédiaire des images et des souvenirs.

Quand nous pensons à nos chers disparus, ils sont attirés vers nous et se remémorent aussi les souvenirs que nous évoquons en égrenant les photos des jours heureux. Il en va de même pour les défunts de la photographie, à ceci près qu'ils n'ont personne pour regarder avec eux les images d'un passé réconfortant. Les personnes qui ont pu regarder la photo exposée dans le magasin n'étaient que des étrangers jetant un œil sur un potentiel objet souvenir, la connexion n'avait donc aucune richesse et aucun intérêt pour quiconque.

Puis-je prouver scientifiquement que le fait d'avoir brûlé cette photo a servi à quelque chose? Non. Ai-je besoin de ce genre d'information pour savoir que mon action a servi à quelque chose? Non plus. J'espère que, au fur et à mesure que les gens évolueront spirituellement, ils intégreront l'idée qu'on n'a pas besoin d'une approbation extérieure pour valider ce que nos sens et nos sentiments nous dictent. Est-ce là un renforcement de votre assurance personnelle? Oui. Et cette foi en vous-même est-elle un sage investissement? Oui, assurément.

Le reste de la nuit fut consacré à la mémoire de mon père. Pour la première fois en quatre ans, le 22 septembre n'était pas une journée placée sous le signe des larmes, mais sous celui de la vie. Ce jour serait le premier d'une série d'événements spirituels, qui allaient tous se dérouler à Pinetop.

Cette ville riche d'histoire allait rapidement faire partie de la mienne.

En décembre 2006, nous sommes retournés nous reposer quelque peu en famille à Pinetop, dans la petite maison que Joe et moi avons affectueusement surnommée « RTT land » – les personnes dotées d'humour apprécieront. Devant nous, notre jeune chienne Eleanor tentait de manger toute la neige recouvrant le flanc de la colline ; la partie s'acheva sur un match nul entre la chienne et la montagne. Je fis soudain part à Joe de mon envie de nous rendre au Lion's Den, pas seulement parce que les gens y sont sympathiques, mais aussi parce que j'avais entendu dire que son sous-sol était hanté – chose que je voulais vérifier par moi-même. Je vous rappelle que, pour moi, visiter un endroit hanté est aussi drôle que de visiter un parc d'attractions.

En rentrant dans le saloon, je demandai à voir George, le patron. Cet homme est une crème, et je voulais qu'il me fasse visiter son sous-sol. Il m'accueillit avec un sourire chaleureux. Je lui exposai ma requête, qu'il accepta non sans un regard perplexe – peut-être me trouvait-il un peu trop souriante et à l'aise pour quelqu'un qui se lance dans ce genre d'expédition. Avant qu'il n'ouvre la porte, je lui demandai : « Existe-t-il une issue de secours ? » Une voix très calme m'avait parlé d'une telle porte le matin même, alors que j'étais occupée à me sécher les cheveux. Quand je reçois des informations de ce genre, qui ne sont pas connues de tous, il est important pour moi de les vérifier, afin de tester leur véracité et leur précision. George me fit en effet passer par une porte qui menait du sous-sol à l'extérieur du bâtiment. J'étais satisfaite. Je fis alors le tour de cette cave, consciente d'être entourée par les murs d'une maison hantée, et que quelque chose ou quelqu'un attendait de la compagnie tout près de moi. George m'expliqua qu'il laissait en permanence des bougies de Noël allumées ici, afin que cet endroit un peu effrayant soit toujours éclairé. Les esprits présents ne me semblaient absolument pas hostiles. Ils appréciaient juste ce lieu.

Je regardai George et lui dis qu'un homme avait été tué ici lors d'une partie de cartes qui avait mal tourné. Comme il n'en était pas sûr, il demanda à une femme nommée Jody d'aller vérifier l'information. Celle-ci acquiesça et lui rapporta que cela ressemblait fort à ce qu'un certain Sam avait pu raconter. Ce Sam, originaire de la région, avait grandi en entendant toutes les histoires liées au Lion's Den.

Il y avait dans ce sous-sol un recoin où les gens n'osaient jamais aller, et qui m'attirait fortement. George se montra mal à l'aise quand je m'y dirigeai, suggérant que ce n'était peut-être pas le meilleur endroit où mettre les pieds. De mon côté, je me sentais prête à prendre une pelle pour retourner la terre dans l'espoir d'y dénicher quelque objet du temps jadis. Cela peut vous paraître bizarre, mais je vous assure que, pour un médium, se retrouver dans une telle grotte aux trésors se révèle irrésistiblement stimulant. J'expliquai à George que je voyais qu'un bébé était né ici il y a longtemps, d'une mère à la peau claire et d'un père à la peau sombre. Il m'apprit que le premier propriétaire des lieux, Walsh Mac, était un Noir qui avait ouvert ce bar pour la simple raison que la couleur de sa peau lui interdisait l'accès aux autres établissements. Je suis persuadée que Walsh a joué un rôle important dans la vie de ses employés, qui rencontraient les mêmes difficultés. Walsh m'apparut comme un anticonformiste et me fut immédiatement sympathique. Les obstacles semés sur sa route par le racisme au début du XXe siècle ne l'ont pas empêché d'avancer.

George me confia également qu'il y avait eu une maison close à deux pas d'ici. Il n'est pas extravagant d'imaginer qu'une des prostituées ait pu accoucher en cet endroit de l'un des nombreux pères potentiels de l'enfant. Un habitant du coin confirma qu'un bébé était bien né ici, ce qui renforça ma vision. Joe prit une photo de ce sous-sol, sur laquelle on distingue clairement une sorte de sphère lumineuse. Elle est parfaitement ronde et blanche, et l'on n'en distingue qu'une seule. Peu m'importe ce que les sceptiques «professionnels» penseront: je suis persuadée que l'énergie d'un esprit peut apparaître sur une photo.

Le Lion's Den possède toujours cette atmosphère du début du XXe siècle, et son personnel prétend avoir eu plusieurs fois maille à partir avec quelques-uns de ceux qui nous ont précédés dans la mort. Ils racontent que si l'on trinque en touchant les verres par deux fois et en portant un toast à Walsh Mac, on peut sentir sa présence tout près de nous. Joe et moi avons donc levé nos verres à la santé de Walsh, et si un homme sur Terre est un jour devenu blanc comme un linge, c'est bien Joe lorsqu'il sentit à cet instant une main se poser sur son épaule. J'ai adoré ce moment, bien qu'il n'y eût visiblement personne derrière lui !

George a lui aussi vécu cette expérience, aussi réelle que la présence d'une personne bien vivante se tenant derrière vous. Puisque les énergies des gens convergent en des lieux similaires, ne serait-il pas logique que les esprits soient attirés vers les vivants qui se souviennent, se soucient d'eux, et sont prêts à les accueillir ? Si vous avez une personnalité sarcastique avec un humour désabusé, vous aurez tendance à attirer ce même type d'énergie vers vous, ce qui est bien illustré par le reflet que constituent nos amis de notre propre personnalité. En regardant autour de vous, vous retrouverez forcément en eux certains de vos bons ou mauvais côtés. Ce principe s'applique aux vivants aussi bien qu'aux morts : quand nous croisons des énergies similaires, nous nous en rapprochons.

Nombreux sont ceux qui se demandent pourquoi les esprits fréquentent les bâtiments anciens. La réponse diffère selon les individus, bien que des similitudes existent. Prenons l'exemple de Walsh Mac. S'il demeure aux alentours du Lion's Den, c'est sûrement que, tout comme lui, les personnes qui tiennent son ancien bar aiment s'amuser et écouter de la bonne musique. Le niveau d'énergie créé par la danse, la musique et les rires y est important, et les esprits y sont sensibles.

Les âmes sont faites d'énergie, et, comme je le disais, une énergie peut être attirée par des fréquences similaires à la sienne. Mon expérience m'a appris que les criminels, par exemple, ont une énergie effrayante, que l'on ressent comme dangereuse. Les drogués, quant à eux, ont une énergie très faible, et l'on ressent le déséquilibre qu'ils ont eux-mêmes contribué à créer. Les personnes travaillant dans l'humanitaire dégagent une énergie nourricière, que l'on ressent comme rassurante. Mac, lui, aime les gens libres, ceux dont l'énergie vous donne l'impression de pouvoir vous élever de cette Terre – et il sait bien que l'on peut réellement «s'élever»! Tout cela lui plaît.

Faites attention aux énergies des êtres vivants qui gravitent autour de vous, et essayez d'apprendre à les identifier. Une fois que vous aurez aiguisé votre sixième sens, vous pourrez passer à l'étape suivante et tenter d'identifier ces mêmes énergies chez les morts. Quand je rencontre l'esprit d'un drogué, je suis capable de le reconnaître, car il dégage la même énergie caractéristique que ses congénères du monde des vivants. La plupart des gens ont une bonne perception des personnalités inquiétantes, car c'est un sentiment que l'on développe dès l'enfance, lorsque nous sommes encore très sensibles. L'une des premières leçons consiste à repérer les moments au cours desquels une bonne ou une mauvaise énergie aura pénétré notre espace vital. Lorsque vous êtes «énergétiquement repoussé» par quelqu'un sans que cette personne ait fait quoi que ce soit, c'est encore une affaire d'énergie, qui mérite d'être entendue et respectée. En d'autres termes, vous avez reçu de «mauvaises vibrations» de cette personne, même si elle n'a rien fait pour cela. Plus l'on s'entraîne, plus cela s'affine. Souvenez-vous juste de ne pas trop questionner votre instinct quand il vous délivre des messages clairs, sans quoi vous pourriez le remettre en cause et ne pas le suivre, ce qui n'est jamais bon.

On sait que Mac avait passé des jours heureux dans la région, et qu'il s'était énormément investi dans la lutte contre la discrimination raciale en ouvrant ce bar. Si son établissement fut incendié, il décida par principe d'y demeurer. C'est pour toutes ces raisons que Walsh hante encore le Lion's Den. Si d'aventure vous passez près de Pinetop, en Arizona, ne manquez donc pas l'occasion de vous arrêter au Lion's Den, et de trinquer deux fois à la santé de Walsh Mac : il est fort possible qu'il vous rende la politesse.

Pour la petite histoire, quelques mois après ma visite du sous-sol du Lion's Den, j'y suis retournée pour un moment de détente. Il n'y avait eu aucune partie de cartes dans ce sous-sol depuis les années 1940, et je me suis dit qu'il était temps d'y remédier. Je proposai donc à George d'organiser une soirée jeux, et il trouva l'idée intéressante.

(Tout le monde pense que mes dons de clairvoyance me permettent de remporter les parties de cartes haut la main, et que ce n'est pas équitable. Il est vrai que je sens si mes adversaires bluffent ou s'ils ont une meilleure main que moi. Mais mon excitation prend souvent le dessus sur mes perceptions, au point de me faire perdre le fil de l'action sous l'effet de l'adrénaline. J'adore faire grimper la mise, et il m'est même arrivé de m'emballer complètement lors de certaines parties. Donc, si vous jouez avec moi, ne vous souciez pas trop de mes capacités psychiques : j'ai un niveau correct aux cartes, mais cela n'a pas grand-chose à voir avec mes dons.)

Bref, je rentrai mon jean dans mes bottes de cow-boy bleu turquoise et me mis en route, bravant la neige, en direction du sous-sol hanté où une bonne partie de cartes m'attendait. En arrivant au Lion's Den, George m'accueillit, son grand chapeau de cow-boy noir posé sur ses cheveux argentés : lui aussi était fin prêt. Nous descendîmes les marches grinçantes, et je vis qu'une partie acharnée avait déjà débuté. Je me sentis grisée à l'idée qu'une telle partie se déroulât en cet endroit, effaçant ainsi les traces de la dernière, tragique, qui y avait eu lieu voici soixante ans de cela. Je pris une chaise. Le froid s'annonçait difficile à supporter, mais l'instant était si passionnant qu'il m'importait peu de geler sur place. Je fis remarquer à George que la plupart des bougies de Noël qu'il laissait brûler en permanence étaient éteintes, ce qui sembla le contrarier. On me présenta les autres joueurs, dont la plupart portaient des surnoms qui témoignaient de vies peu banales. Ces hommes avaient probablement usé plus de tapis de jeux que moi. George me présenta tout d'abord à un certain « Blé noir »

– dont l'origine du surnom m'échappa. Tout ce que je constatai, c'est qu'il avait une peau très pâle ; je passai donc la soirée à l'appeler « Blé blanc ». Je rencontrai ensuite « Dos d'âne ». Je pense qu'on l'appelait ainsi en raison de son jeu vicieux, qui avait le don de ralentir la partie – c'est du moins ce qu'il m'a semblé en écoutant les remarques faites à son sujet par les autres joueurs. Venait ensuite un certain « Détour », véritable boute-en-train. Voilà pour les surnoms.

On distribua les jetons en plastique tandis que je sentais la nervosité gagner mes compagnons de jeu. Je ne parvins à persuader aucun d'eux d'aller faire un tour dans la partie la plus basse du sous-sol. J'écoutais leurs histoires avec gourmandise, comme celle de ce cheval qui, il y a des lunes, était passé à travers le plancher pour mourir ensuite dans cet endroit. Ils évoquèrent encore un vieux jeu de cartes qu'ils avaient un jour extrait du sol terreux de cette cave. J'adore vraiment ce genre de conversations sur l'histoire des bâtiments, surtout lorsque cette histoire regorge d'anecdotes savoureuses, comme c'est le cas au Lion's Den.

Au bout d'une vingtaine de minutes, lassés du froid glacial qui régnait, les hommes proposèrent de poursuivre la partie dans la salle du rez-de-chaussée, bien au chaud. En montant les marches, je tentai encore de les persuader de prendre une pelle et de creuser le sol de la cave avec moi, mais mon enthousiasme ne fit pas d'émules. La partie de cartes se poursuivit donc pendant trois bonnes heures, et ce fut une excellente soirée.

Un photographe fort sympathique prit de magnifiques clichés de ce moment. Les photos se révélèrent fascinantes : elles comportaient un léger brouillard qui créait des volutes aux formes intéressantes. Sur certaines, on pouvait même distinguer des visages qui n'étaient, de toute évidence, pas les nôtres. Des visages d'hommes, ce qui est logique dans un endroit où l'on jouait autrefois aux cartes en buvant force whisky. Je parierais que les joueurs de cartes des années 1920, 1930 ou 1940 se sont régalés en assistant à notre petite partie en sous-sol – après soixante ans d'abstinence. Si l'on pouvait les entendre, je suis sûre que les histoires qu'ils se racontaient à l'époque nous feraient rougir comme des premières communiantes !

Un peu plus tard, comme George s'apprêtait à fermer et mettait les tabourets sur les tables, il me confia être perturbé par des présences qui se manifestaient très clairement à lui. Sa voix tremblait légèrement, mais son propos était assuré.

— Allison, je ne plaisante pas : il y avait vraiment quelque chose.

— George, le rassurai-je, je fais partie des rares personnes que tu n'as pas à essayer de convaincre. Je te crois.

Je répète souvent aux gens de profiter de la vie et de ne pas s'excuser pour ce qu'ils sont. Ma participation à une partie de cartes dans cette cave par une froide nuit enneigée fait partie de mes meilleures expériences, et il m'aura suffi pour cela d'oser demander à George de bien vouloir l'organiser. Si je ne l'avais pas fait, je n'aurais jamais vécu cette fabuleuse soirée. Je crois que nous devrions songer davantage à toutes ces choses à côté desquelles nous passons, simplement parce que nous n'osons pas demander ce que nous attendons vraiment de la vie. Osez, et faites de votre vie une expérience mémorable ! N'oubliez jamais que la prise de risques est ce qui a permis aux légendes de se bâtir.

2

La cité assiégée

Durant l'été 2006, j'ai été confrontée à un cas différent de tout ce que j'avais pu rencontrer jusqu'alors. Tant que nous sommes en vie, nous pouvons apprendre ce que des circonstances inédites ont à nous enseigner, même si, bien sûr, personne ne détiendra jamais toutes les réponses – juste des bribes de ce que nous avons vu et perçu comme vrai.

La ville de Phoenix était alors assiégée par deux tueurs différents, qui avaient fait de nos rues leur terrain de chasse. Le premier tueur avait commencé par une série de cambriolages et d'agressions sexuelles, qui le menèrent ensuite à plusieurs homicides, entre le 6 août 2005 et le 29 juin 2006. On estime le nombre de ses victimes à une vingtaine de personnes. Comme si cela ne suffisait pas, un autre tueur en série terrorisait la ville, tirant au hasard sur ses victimes, qu'il s'agisse d'animaux domestiques ou de simples passants.

La police affirme que cette folie meurtrière a débuté le 24 mai 2005, pour prendre fin le 8 juillet 2006.

De tels faits ne s'étaient jamais produits dans toute l'histoire de l'Arizona. On se demandait s'il existait un lien entre ces deux meurtriers. Avec deux tueurs en série arpentant simultanément ses trottoirs, ma ville natale était dans un véritable état de panique. L'un était surnommé le « Violeur » ou le « Tueur de fond », et l'autre le « Tireur en série ». Tomber sur l'un ou sur l'autre se révélait tout autant mortel.

En juillet 2006, je me trouvais en vacances sur la côte Est chez nos amis Grammer, à l'occasion des fêtes du 4 juillet[1] – qui est aussi le jour anniversaire de ma plus jeune fille. Hélas, je me rappelle surtout les moments passés à regarder la télé avec Kelsey et Camille : nous assistions, désemparés, au ballet des séquences de meurtres perpétrés à Phoenix. Leur nombre grimpait aussi vite que les températures de notre désert. Je n'oublierai jamais la colère qui m'envahit à l'idée que l'endroit où j'avais grandi se trouve ainsi attaqué. C'était intolérable.

Je suis retournée à Phoenix quelques jours plus tard. Lorsque notre avion s'est posé à Sky Harbor, j'ai senti une angoisse m'étreindre, à l'image des lourds nuages qui surplombaient notre belle ville. Nous étions en pleine mousson, le temps était

1. Fête nationale des États-Unis, jour de l'Indépendance. *(N.d.T.)*

donc chaud et humide; l'atmosphère était également saturée par la peur. Je savais que le sujet serait délicat à gérer avec la police, et je comprenais fort bien pourquoi ils ne souhaitaient pas me voir débarquer dans ces affaires – c'est là l'un des inconvénients d'être un personnage public. Pourtant, j'avais la certitude de devoir intervenir, même si je ne savais pas encore comment. J'étais consciente du fait que travailler sur deux affaires simultanément pouvait m'amener à certains chevauchements d'informations, mais cela ne changea rien à ma détermination: je devais essayer.

Afin de ne pas créer un événement médiatique autour de ma personne plus que sur les crimes eux-mêmes, je n'ai accordé que trois interviews aux nombreux médias qui me sollicitèrent sur ces dossiers. J'ai également passé un accord avec certains fonctionnaires chargés de l'application de la loi, stipulant que je ne confirmerais ni n'infirmerais notre collaboration, ce qui me convenait parfaitement. Aujourd'hui encore, «je ne peux ni le confirmer ni l'infirmer». Voilà, c'est dit!

J'ai commencé par coucher sur papier les prénoms de toutes les victimes, prenant en note les impressions qu'ils m'inspiraient. Si ces victimes connaissaient leur meurtrier, je ressentais du calme. Si au contraire je ressentais un sentiment de panique, cela signifiait qu'elles ne le connaissaient pas. Comme j'ai aussi la capacité de sentir d'où provient la colère d'un assassin, je perçus que celle du «Tueur de fond» provenait de son éducation familiale. Il arrive encore que je «voie» un nom en rapport avec un agresseur, ou que je « sente » pourquoi il passe à l'attaque à certains endroits.

Durant l'été 2006, j'acceptai une interview télévisée avec Pat McMahon, un ami qui a toute ma confiance. Il aime Phoenix autant que moi, au point que je l'ai surnommé « M. Phoenix ». C'est une voix très respectée des médias locaux depuis plus de quarante ans – il faisait même partie de l'équipe de « The Wallace and Ladmo Show », une de mes émissions préférées lorsque j'étais enfant. La confiance nous liant était cruciale, car je tenais à ce que l'interview soit productive et non voyeuriste.

J'étais affligée d'un terrible rhume ce jour-là, mais je voulais absolument que le public apprenne à regarder ses voisins différemment, et qu'il se fasse une autre image du criminel que celle du portrait-robot établi par la police. L'assassin avait en effet dû modifier son apparence. Par exemple, il n'avait pas les cheveux longs comme sur le portrait, ce qui n'est pas un détail. La police le soupçonnait de se déguiser à l'aide de perruques et de divers accessoires. De mon côté, je pouvais « sentir » la longueur de ses cheveux comme s'il s'agissait de ma propre tête – je sais, cela peut paraître effrayant ! Il pouvait également prendre différentes apparences ethniques, raison pour laquelle j'ai conseillé aux gens de regarder leur entourage avec un œil nouveau. Je ne parvenais pas à « sentir » clairement les traits de son visage – ils n'étaient pas caractéristiques d'une ethnie en particulier, et la couleur de sa peau était ambiguë. Il provenait certes d'une minorité raciale, mais pouvait facilement se glisser dans plusieurs d'entre elles. Ni blanc ni noir, cet homme se situait à la croisée des couleurs de peaux.

C'est donc en rêvant d'un bon décongestionnant pour mes sinus que je suis entrée sur le plateau, Kleenex à la main et l'air guère en forme. J'ai indiqué les mobiles des tueurs tels que je les voyais, décrit leur personnalité, et précisé que je ne croyais pas que le « Tueur de fond » et le « Tireur en série » se connaissaient, comme d'aucuns inclinaient à le croire. J'ai aussi expliqué que je sentais que la frénésie médiatique provoquait une sorte d'émulation malsaine entre eux.

La raison pour laquelle je voulais passer à la télé était simple : sensibiliser le public à l'observation de son entourage, et le motiver à donner des informations à la police. Les pistes au sujet des criminels étaient si ténues que je devais moi aussi m'en remettre aux indications du public. Comme je l'avais mentionné sur Kiss FM en évoquant la folie meurtrière des deux individus, le département de police de Phoenix était des plus qualifiés pour ce genre d'affaires ; ils méritent d'ailleurs tous nos remerciements pour leur travail. Mon unique motivation à témoigner en public était donc de recueillir des témoignages, de mettre un peu plus la pression sur les criminels, et de donner une échéance pour leur capture afin que les habitants puissent dormir sur leurs deux oreilles.

J'ai ensuite accordé une interview à la filiale de la NBC, Channel 12 News, pour indiquer la date de leur capture.

Nous étions en juillet lorsqu'on me demanda à quel moment les suspects seraient arrêtés, question à laquelle je répondis : « Ils seront soit arrêtés, soit identifiés par la police en août. » Et en août, comme je l'avais prédit, des arrestations eurent lieu pour l'affaire du « Tireur en série ». Dale Hausner *et* Sam Dieteman furent accusés des meurtres de nombreuses personnes et d'animaux domestiques, puisqu'il s'avéra en fait que deux tireurs collaboraient dans cette histoire. Tous deux furent précisément arrêtés le 3 août. Le présumé « Tueur de fond », Mark Goudeau, étant quant à lui arrêté le 6 septembre, il est donc normal que je ne sois pas parvenue à différencier totalement les suspects. Lorsque j'affirmai en juillet qu'« ils seraient soit arrêtés, soit identifiés par la police en août », cela concernait bel et bien ces deux cas. La police arrêta le présumé « Tireur en série » en août, et elle savait alors à qui elle avait affaire avec le cas du « Tueur de fond ». Il n'est pas aisé de travailler sur des dossiers qui se chevauchent, alors qu'il y va de la vie des gens. Depuis, je n'ai plus jamais rencontré de situation où des tueurs se baladaient et tuaient au hasard citoyens ou animaux. Dieteman appelait cela « de la violence de loisirs aléatoire ».

Finalement, le spectacle choquant et incompréhensible de cette violence gratuite renforce nos qualités de cœur et d'âme. Les « Tireurs en série » et le « Tueur de fond » n'avaient aucune conscience. C'est la soif de pouvoir et de domination qui les poussait à agir, ainsi que je l'ai expliqué dans les interviews de radio ou de télé où je tentai de faire la lumière sur leurs motivations. Il est difficile d'éprouver de la compassion pour ces individus. Personnellement, je refuse que les plaidoyers pour la défense de tels monstres puissent atténuer la portée du mal qu'ils ont fait à leurs victimes.

Contrairement à ce que certains ont pu penser, les «Tireurs en série» et le «Tueur de fond» ne se connaissaient pas. J'avais senti qu'ils n'avaient rien en commun et que nous avions affaire à deux cas bien distincts. Les échéances que j'avais perçues se révélèrent exactes, ainsi que les profils de personnalité établis. Je fus, bien sûr, extrêmement soulagée à l'idée que la ville que j'aimais pouvait de nouveau respirer. Ces affaires me touchèrent particulièrement, du fait qu'elles s'étaient déroulées dans les rues où j'avais grandi, et que les victimes étaient des innocents, choisis au hasard. Rien à voir avec un crime passionnel ou avec une rixe qui dégénère à la sortie d'un bar: non, il ne s'agissait là que du pur plaisir provoqué chez les tueurs par une montée d'adrénaline, ce qui rend leurs crimes beaucoup plus difficiles à comprendre.

Quel est le genre d'enfants qui deviendront un jour des prédateurs? Est-ce inscrit dans leurs gènes? S'agit-il d'un défaut d'éducation de la part des parents? Probablement l'un ou l'autre, ou les deux à la fois. Mais, quand la science ne peut le détecter, quand les parents ne s'aperçoivent de rien, et que d'une certaine manière la nature l'a voulu, c'est à la société qu'il revient de maîtriser et de rétablir la situation. Je suis persuadée que les individus ayant perpétré ces crimes connaîtront le même type de châtiment en retour.

J'éprouve de nombreuses frustrations sur chaque affaire, qu'il s'agisse d'obstacles ordinaires ou de véritables défis à relever. Avec les « Tireurs en série » et le « Tueur de fond », ma difficulté principale a été de distinguer ce qui relevait d'un cas plutôt que de l'autre. Les informations se recoupaient parfois, mais je parvins finalement à les démêler et à les résoudre.

Je suis récemment intervenue sur un autre dossier, très lourd émotionnellement – peut-être s'agira-t-il d'ailleurs de mon dernier du genre. J'ai dépensé beaucoup d'énergie à me rendre sur les scènes de crimes, et à rencontrer les victimes de l'agresseur. La différence, c'est que l'obstacle n'était cette fois pas le criminel, mais l'administration policière qui me mettait des bâtons dans les roues. Les inspecteurs chargés de l'enquête étaient brillants, mais l'application de la loi et de ses procédures, hélas, reste un domaine sous l'emprise de la politique. Ainsi, le jour où un policier eut vent de l'aide que j'apportais aux enquêteurs, nous avons frôlé l'incident politique. J'avais fourni l'adresse du tueur et relié l'affaire à d'autres cas d'agressions qui n'avaient jamais été rapprochés. Malgré cette aide précieuse, on continua à entraver mon travail, ainsi que celui de mes associés. Ceux qui me connaissent savent ce que le mot « loyauté » représente pour moi. Par conséquent, je supportais très mal que d'autres personnes subissent les conséquences de mon intervention. Je marche sur le fil tendu entre le monde des vivants et celui des morts, et sur celui tendu entre l'univers des criminels et l'application de la loi. C'est un art d'équilibriste. Bien que mes efforts aient été couronnés de résultats, on me pria finalement de ne plus m'impliquer dans cette affaire. Ce fut très difficile, étant donné que les victimes de ces agressions étaient des enfants, et que je n'avais plus le droit de les aider.

Vous vous demandez sans doute comment je réagis en pareil cas? Tout d'abord, je prie et je médite. Comme je l'ai toujours dit, « si je dois aider, cela se fera ». Je crois n'être qu'une messagère, et rien de plus. Il n'a certes pas été évident pour moi de renoncer à cette affaire, dans laquelle des petites filles avaient été sexuellement agressées, mais je ne pouvais pas non plus compromettre par ma présence l'excellent travail des policiers.

Enfin, lorsqu'il m'arrive d'avoir le moral en berne face à ce genre d'obstacles, je me remémore les dénouements heureux – car il y en a eu aussi, fort heureusement. Je me souviens notamment du cas d'une jeune fille disparue, dont je m'étais occupée à la demande de mon mari. Il s'agissait de la petite-fille d'un de ses collègues. Ce jour-là, j'étais en plein rangement de mes questionnaires de jury quand Joe entra dans mon bureau : « Allison, je sais que tu as déjà des engagements, mais penses-tu que tu pourrais m'aider ? »

Je m'attendais à ce qu'il me dise qu'il avait égaré ses clés de voiture, et m'apprêtai par conséquent à le voir repartir en soupirant, car je n'avais pas la moindre intention de l'assister sur ce genre de mission. Mais Joe m'expliqua que la petite-fille d'un de ses collègues était portée disparue depuis plusieurs jours ; il voulait savoir si je pouvais tenter d'obtenir des informations à son sujet. Il est habituellement très ardu de retrouver quelqu'un dans la précipitation, mais cette fois j'entendais clairement des mots résonner dans ma tête : « Elle se trouve dans l'appartement de la petite amie de son frère. »

Après m'avoir demandé si j'en étais sûre, Joe appela son collègue pour lui faire part de l'information. Et celle-ci fut ensuite communiquée au détective privé engagé par la famille. En questionnant de nouveau les amies de la jeune fille, celui-ci découvrit que l'une d'entre elles se souvenait effectivement s'être un jour rendue dans l'appartement du frère d'une de ses copines, un garçon plutôt inquiétant. Ne se sentant pas à l'aise dans cet appartement, elle avait téléphoné à son père pour qu'il vienne la chercher. Le détective la pria de faire appel à sa mémoire pour localiser cet endroit, ce qu'elle fit. Il put alors retrouver l'adresse en question, et, lorsqu'il en fit ouvrir la porte, la jeune fille disparue se trouvait bien là.

Joe a gardé le contact avec la famille de cette adolescente de quatorze ans, qui va bien désormais. Comme sa famille se demandait s'il ne s'agissait pas d'une fugue, la police n'avait pas fait une priorité de son cas. Pourtant, nous savons bien que des choses très fâcheuses peuvent arriver aux jeunes fugueurs, surtout quand ils n'ont que quatorze ans.

Voici donc le genre de *pour* et de *contre* dans l'activité que j'exerce : j'ai retrouvé une enfant portée disparue, mais mes amis ont été persécutés pour avoir exercé leurs fonctions avec une trop grande ouverture d'esprit. À ce jour, j'ignore si j'interviendrai encore sur d'autres affaires… mais, comme le dit la sagesse populaire : « Il ne faut jamais dire jamais ! »

Les choix que je fais dans la vie me viennent en partie des leçons que les morts m'ont apprises. Premièrement, il est crucial de ne pas perdre votre temps : de nombreux défunts ont le sentiment d'être passés à côté de l'essentiel parce qu'ils croyaient avoir le temps de le faire plus tard. Cela n'est pas toujours le cas, aussi chaque jour compte-t-il. Il est également important que vos activités vous épanouissent. Lors de mes visions, beaucoup de trépassés m'ont exprimé leur regret de ne pas avoir pris davantage de risques dans la vie. Ceux-là sont morts insatisfaits, puisque d'une certaine manière ils ont vécu comme les autres voulaient qu'ils vivent. Ce n'était pas une existence où l'intérieur de l'être modelait l'extérieur, mais l'inverse.

Deuxièmement, comment tout cela affecte-t-il ceux qui vous aiment ? Les messages des disparus portent souvent sur le regret de ne pas avoir fait ce qu'il fallait auprès de leur famille. La façon dont nous influençons les nôtres doit par conséquent être prise en compte. Lorsque je m'attelle à un dossier, il importe peu à mes enfants et à mon mari de savoir s'il est résolu et classé, ou laissé en l'état : tout ce qu'ils veulent, c'est passer du temps avec moi, et je ne dois pas l'oublier. Il y a tant à apprendre de ceux qui ont vécu et sont partis avant nous! Mais je sais aussi toute l'importance que j'accorde à la sagesse dont nous devons faire preuve dans cette vie, car j'ai appris à vivre le moment présent. Aimez de tout votre cœur, et ne laissez pas les autres décider de qui vous êtes. Soyez l'artiste de vous-même.

3

Nos relations avec les autres, et comment devenir son propre meilleur ami

Lors de mes consultations, j'ai remarqué que nombre de mes clients manquaient cruellement de confiance en eux. Il me semble donc opportun d'évoquer ici l'apprentissage de ce sentiment. Nos relations sont comme une palette de peinture où le mélange des couleurs peut aboutir à des teintes merveilleuses ou à une affreuse mixture. Les rencontres avec mes clients m'ont permis d'observer la récurrence d'un thème en particulier, et de voir combien les gens commettent souvent les mêmes erreurs basiques. J'utiliserai à la fois mon expérience et mon bon sens pour commenter certaines des «bévues» les plus fréquemment constatées. Je profiterai de l'occasion pour méditer sur mes propres relations.

Nous entretenons de multiples relations avec les autres dans une vie: tout d'abord notre père et notre mère, nos frères et sœurs, puis nos amis, les autres membres de notre famille, nos connaissances, nos collègues... Bref, vous connaissez le tableau... De nombreuses personnes sont reliées à chacun d'entre nous, et nous avons tous une influence les uns sur les autres. Je pense qu'il existe une combinaison d'éléments qui, dès l'enfance, aident à construire la personne que nous sommes, et à définir celle que nous voulons être.

Par exemple, j'ai rencontré des gens qui avaient perdu un proche des suites d'un cancer pendant leur enfance, et qui ont décidé de devenir médecin pour aider les patients atteints par cette maladie. Je pense qu'une jeune personne qui assiste, impuissante, à la souffrance d'un être aimé, aura tendance à s'orienter vers une profession où elle aura davantage de contrôle sur ses émotions, ou vers une position qui lui permettra d'intervenir sur l'état des autres. Dans la police, quand un père meurt, il arrive fréquemment que l'un de ses enfants reprenne le flambeau. Plus qu'un hommage émouvant, cela me semble être un moyen pour l'enfant de se sentir plus proche du parent défunt, et de faire vivre son héritage. C'est donc dès l'enfance que nos réactions envers ceux que nous aimons – ou pas – commencent à façonner notre destinée.

J'ai grandi en nourrissant le sentiment d'être différente des autres, même si j'étais semblable à mes amis en de nombreux points : nous trouvions tous que la maîtresse d'école nous donnait trop de travail, nous aimions les mêmes glaces, les mêmes films et les mêmes chewing-gums. J'adorais toutes ces choses que nous avions en commun, mais certains aspects très spécifiques de ma personnalité laissaient souvent mes amis perplexes.

Ironie de la vie : l'enfance a ceci de fascinant que nous grandissons pour la dépasser, et que nous passons ensuite le reste de notre existence… à essayer de la dépasser ! Mes amis et moi ne comprenions pas grand-chose aux adultes, et nous n'en avions de toute façon guère envie, car nous estimions qu'ils prenaient tout un peu trop au sérieux. Il est amusant de voir comme les perspectives changent. À l'âge de huit ans, je regardais l'émission « 60 minutes[1] » pendant que mes amis jouaient à des jeux de leur âge devant la maison. On m'a longtemps répété que ce n'était pas normal, mais je savais que je n'étais pas la seule enfant à ne pas tout faire comme les autres. Lorsque j'ai rencontré Joe, il m'a confié qu'il regardait lui aussi cette émission quand il était petit – preuve que nous sommes tous deux nés avec un esprit particulier. Pas étonnant que nous nous soyons trouvés ! Joe a fabriqué son premier ordinateur à l'âge de onze ans. Il sacrifiait donc également de son temps de jeux pour apprendre des choses compliquées.

Mis à part ce goût pour les pensées complexes, j'avais conscience, pendant mon enfance, que d'autres exemples m'aidaient à découvrir mes propres singularités. J'étais persuadée que le fait

1. Émission d'actualités sur la chaîne de télévision CBS. *(N.d.T.)*

d'avoir vu mon grand-père Johnson après ses funérailles, alors que je n'avais que six ans, avait changé ma vie. Ma mère n'avait pas su quoi répondre lorsque je lui avais parlé de cette vision. Cet événement renforça ma conviction d'emprunter un chemin peu fréquenté dans la vie, et celle d'être une enfant un peu «bizarre» – différente des autres, en tout cas. Le moment de la disparition de mon grand-père fut donc aussi celui où mon existence commença à se dessiner, puisque la mort devint alors une partie intégrante de ma personnalité.

Réfléchissez aux personnes qui ont influencé votre enfance. Consciemment ou non, qui a participé à la construction de votre destinée? D'où que nous venions, il est important de comprendre que nous avons tous traversé des moments où nous avons pris un virage sans plus jamais pouvoir faire marche arrière.

Pour moi, l'un de ces moments fut celui où je quittai la maison familiale. Je n'avais pas encore seize ans. Partir aussi jeune forge le caractère, et cela a contribué à faire de moi la femme travailleuse que je suis. Que vous ayez à gérer vos propres bêtises ou celles de quelqu'un d'autre, dites-vous bien que vous devez toujours être votre meilleur soutien, et qu'il faut continuer à avancer, d'abord par amour pour la personne que vous êtes, et ensuite pour votre famille. Vos proches ont soif de savoir qui vous êtes, et ils ont autant à apprendre de vos réussites que de vos erreurs; ces dernières leur éviteront de se frotter aux mêmes écueils, ce dont on ne peut que se féliciter.

J'aime à dire: «Soyez votre meilleur ami», car beaucoup de gens ont une fâcheuse tendance à attendre l'intervention de quelqu'un dans leur vie, alors qu'ils ont les pleins pouvoirs pour devenir par eux-mêmes quelqu'un d'admirable. Nous ne dépendons pas des décisions de notre entourage. Il est à noter que les personnes ayant des problèmes de santé mentale ne sont pas concernées par ces propos: ceux-ci s'adressent uniquement aux personnes traversant une période de crise. L'aide d'un professionnel, qu'il soit médecin ou psy, peut aussi s'avérer cruciale pour aider certains à continuer d'avancer dans la vie.

À ceux d'entre vous qui traversent actuellement une mauvaise passe, si vous ressentez un vide dans votre existence, je recommanderais de le combler avec tout ce qui peut vous élever intérieurement. Je pense notamment à tous ceux qui cherchent l'amour au mauvais endroit. Qui mieux que vous sait ce que vous voulez, et ce dont vous avez besoin? Nos partenaires font ce qu'ils peuvent pour nous rendre heureux; le reste nous appartient.

En ce qui me concerne, par exemple, j'ai conscience d'avoir un mari en or, qui se démène pour faire de moi une femme comblée. Mais je sais aussi qu'il n'est qu'un homme, et qu'il ne peut pas lire dans mes pensées. Je ne crois pas être très différente des autres femmes: comme elles, j'apprécie les moments où mon conjoint sait ce que je pense, et ce dont j'ai besoin affectivement. Et une fois que j'ai eu bien compris cela… j'ai décidé de me faire la cour! Je sais, cela peut sembler bizarre, mais laissez-moi vous expliquer, vous allez comprendre. J'adore m'acheter ces petites choses qui font plaisir, m'offrir une manucure-pédicure, ou aller déjeuner avec une amie. J'ai pris conscience que plus je m'adonnais à ce genre de choses, plus j'étais épanouie. Et plus je suis épanouie, moins ma famille a de questions à se poser sur la façon de me rendre heureuse. Mon bonheur n'a pas à devenir une activité à temps complet pour eux, et vice versa. Un autre bel exemple : pour fêter son nouveau statut de célibataire, mon amie Mary s'est offert une superbe bague avec un diamant! N'est-ce pas une excellente idée?

Je constate que beaucoup de femmes ne décrochent jamais vraiment de leurs obligations pour se prendre une véritable journée de repos. C'est pourtant un excellent moyen de rafraîchir et de dynamiser son mental, et c'est aussi indispensable pour vous donner le temps de vous ressourcer et de réfléchir. Cette paix de l'esprit, personne d'autre que vous-même ne peut vous l'offrir. Personnellement, j'apprécie beaucoup de regarder mes DVD de la série *L'Ile fantastique*, avec M. Roarke et son fidèle Tattoo. Cette échappatoire à la grisaille quotidienne me rappelle mon enfance, et cela me fait du bien, tout simplement.

Essayez donc de retrouver les choses qui vous rapprochent de votre jeunesse, sans vous soucier de ce que votre entourage peut penser de la façon dont vous occupez votre temps libre – du moment que c'est légal! Je viens de vous faire part de mon petit secret… N'ayez pas non plus honte du vôtre. D'autre part, cette façon de nourrir son âme n'est pas réservée aux dames, les hommes aussi méritent d'y accorder la plus grande attention. Tout comme nous, ils doivent prendre soin d'eux. Nous ne devons pas attendre que quelqu'un vienne nous gratter là où cela nous démange, mais le faire nous-même, car qui connaît mieux ses besoins que la personne elle-même concernée ?

Voici donc quelques suggestions à l'attention de ces messieurs : réservez-vous une journée complète pour jouer au golf, sans vous excuser de ne pas être ailleurs à faire autre chose ; sur « recommandation médicale », offrez-vous une séance de massage et un bon déjeuner. Si vous n'aimez ni le golf ni les soins en institut, faites marcher votre imagination pour vous accorder le genre de break qui vous fera plaisir. Un homme détendu qui a une bonne estime de lui ne reste jamais seul bien longtemps. Faites-moi confiance sur ce point : plus vous investirez sur vous-même – temps, éducation, voyage, culture, etc. –, plus les gens viendront vers vous.

De nombreux hommes défunts m'ont confié leur regret de ne pas avoir pris le temps de profiter de la vie : ils ont trop travaillé, et ne se sont pas assez amusés. Au nom de tous ces hommes disparus, je souhaite dire à ceux qui sont vivants de vivre pleinement leur existence, sans attendre. Ces actions vous définissent dans la vie comme dans la mort. En investissant sur vous-même, vous montrez aux autres votre valeur et vous nourrissez votre âme, la rendant plus intelligente. Ainsi, lorsque votre chemin croisera celui d'autres personnes de valeur, vous n'aurez pas à dresser mentalement la liste de tout ce que cette personne doit savoir faire pour vous satisfaire. Si vous êtes déjà en paix avec vous-même, vous ne vous égarerez pas dans ces amitiés bancales ou dans ces aventures sans lendemain qui ne servent qu'à remplir le vide autour de vous.

Garder ces préceptes à l'esprit vous aidera à avancer plus facilement sur le chemin de la vie. La confiance en soi, un bon caractère et une dose d'humour sont les ingrédients de base qui feront de vous une personne de choix. Je précise que confiance en soi ne rime pas avec arrogance. L'arrogance signifie que vous considérez les autres comme inférieurs, alors que la confiance en soi implique, certes, de croire en soi-même, mais avec un vrai désir d'aller vers les autres et d'apprendre à leur contact. La confusion est fréquente entre ces deux notions.

Essayez maintenant de réfléchir à tout ce que je viens d'évoquer, et voyez comment cela pourrait être concrètement appliqué dans votre vie afin que vous ne passiez pas à côté de l'essentiel. Encore une bonne façon de nourrir son âme. De tous ceux que j'ai pu rencontrer, aucun esprit ne s'est jamais plaint d'avoir trop aidé quelqu'un qui en avait besoin, ou de ne pas avoir assez travaillé. Être un ami sur qui l'on peut compter en dit long sur une personne ; le genre de personnes que vous choisissez comme amies est également éloquent.

On me demande souvent comment il faut se comporter avec un ami qui vient de perdre un proche. Beaucoup de personnes se trouvent désemparées dans une telle situation, voici donc quelques suggestions.

Organiser un dîner pour un ami qui vient de perdre quelqu'un de cher ne doit jamais être sous-estimé : c'est un immense réconfort pour ceux qui sont dans la souffrance. Soyez attentif, ne disparaissez pas de sa vie au bout de huit jours. Vous pouvez noter sur votre agenda de l'appeler tous les vendredis, par exemple, pour prendre de ses nouvelles. Quand mon père est décédé, j'ai remarqué qu'environ une semaine après ses obsèques le téléphone ne sonnait plus, et que de nombreux membres de la famille étaient devenus muets. Honnêtement, je n'ai plus beaucoup entendu parler des amis d'Arizona de mon père après son décès. Je les cite donc ici comme l'exemple à ne pas suivre, en vous demandant de faire mieux.

Si je me permets de divulguer de tels détails personnels, c'est pour deux raisons : tout d'abord, afin que ceux qui se trouvent dans la même situation sachent qu'ils ne sont pas seuls dans ce cas, car il est hélas fréquent que des familles se déchirent après un décès. Ensuite, j'espère que cela en encouragera d'autres à devenir des gens de valeur, et à vivre une meilleure vie que certaines personnes que j'ai pu côtoyer. J'espère qu'ils nous montreront qu'ils savent agir en ce sens, et pas seulement parler, comme beaucoup trop de gens le font. J'aspire à convaincre mes lecteurs de s'inscrire davantage dans l'action au cours de leur vie, à ce qu'ils puissent dire à leurs amis : « Pas de souci ! », même si cela les ennuie. J'aspire aussi à ce qu'ils puissent s'intéresser aux autres, à s'impliquer pour aider celui qui en a besoin, quand bien même ce ne serait pas le bon moment, puisque, finalement, c'est toujours le moment de soutenir quelqu'un que l'on aime. Ce faisant, vous verrez que vous prendrez goût à aller vers les autres, à découvrir leur parcours, et, parfois, à vous faire des amis pour la vie.

Une autre façon de vous élever et de donner le meilleur de vous-même est de participer à des actions caritatives. Même si ce n'est qu'une fois par an, cela compte pour bien des gens. Ne commencez donc pas à vous affoler et à culpabiliser en regardant votre emploi du temps surchargé : attitude néfaste et improductive. Contentez-vous de réserver une journée dans votre agenda, si c'est tout ce que vous pouvez fournir. C'est toujours un bel effort et une preuve de bonne volonté. Certaines personnes choisissent de rendre visite à une personne âgée isolée, lui offrant une précieuse compagnie. Essayez d'imaginer comment vous pourriez allier ce que vous aimez faire avec une action au profit des démunis, pour en retirer un bénéfice mutuel. Il n'existe pas de limite aux cadeaux que vous pouvez offrir en ce monde. Et rappelez-vous que vos efforts créent un effet papillon !

Je sais ce que signifie être débordé. Comme il n'est pas toujours aisé d'équilibrer travail et vie de famille, je dois me montrer créative quand il s'agit de donner de mon énergie pour aider les autres. Par exemple, on m'a un jour invitée à un jeu télévisé nommé « 1 *vs* 100 », pour une action caritative. Étant donné que j'adore les jeux télévisés et que rien ne me fait davantage plaisir que d'aider les gens, il y avait par conséquent bénéfice mutuel. Je fus la dernière célébrité en lice, et heureuse de l'être. À cette occasion, j'ai eu la chance de jouer aux côtés du Dr Ruth, sexologue mondialement renommée, et des musiciens de Three 6 Mafia, vainqueurs de l'Academy Award (des garçons charmants et pleins de bon sens). Je me trouvais également en compagnie de plusieurs playmates de *Playboy* sur ce plateau, ce qui m'amusa beaucoup. Je sentais en effet que mon père se trouvait dans les parages : il n'aurait jamais laissé passer l'opportunité de se rapprocher de telles créatures ! Nous formions une belle équipe, et je pense que tous seraient d'accord avec moi pour dire que nous avons passé un excellent moment.

Évidemment, je sais qu'aider son prochain n'est pas toujours aussi drôle et facile que de participer à un jeu télévisé, mais on se sent toujours tellement bien à la fin d'une de ces journées. Durant ces sept dernières années, il m'est aussi arrivé de travailler gratuitement sur des affaires difficiles, pour la simple raison que la chose me paraissait juste. J'ai également aidé des amies, ce qui n'est pas vraiment un sacrifice en soi à première vue, mais peut tout de même vous donner quelques migraines, surtout quand il s'agit de garder des bébés qui font leurs dents – bref, je m'arrêterai là ! Nous savons bien que l'amitié demande quelques efforts, mais les couples ont aussi besoin de temps juste pour eux, et il aura fallu différentes concessions entre Joe et moi pour continuer à faire vivre l'âme de notre couple. Par ailleurs, je dédicace souvent des livres afin qu'ils soient vendus aux enchères, les bénéfices étant reversés à des associations caritatives. Des repas en compagnie de Joe et moi au Rokerij, notre restaurant préféré, ont aussi été mis en vente plus de fois que je ne saurais le dire. J'ai également participé à des « virées entre filles » avec huit amies des gagnants de ces enchères, qui ont encore permis de rassembler des fonds pour l'école de notre fille Aurora. Soyez créatifs ! Vos efforts peuvent se révéler aussi utiles que distrayants.

À l'inverse de celles dont je parlais plus haut, certaines personnes se sont montrées vraiment adorables envers moi. Deux semaines après la mort de mon père, mon ami Charles Shaughnessy (de la série télé « Une nounou d'enfer », mais aussi le bel agent baraqué Shane Donovan de « Des jours et des vies »), qui est l'un des hommes les plus sincères que je connaisse, me proposa de venir me changer les idées en l'accompagnant sur le tournage de « Des jours et des vies », où son personnage faisait une nouvelle apparition. Il estimait que cette distraction me ferait du bien, et, en effet, c'est tout ce dont j'avais besoin à ce moment-là – de plus, j'adore cette série. Qu'une personne aussi demandée prenne ainsi de son temps pour soutenir une amie dans la peine me toucha profondément. Le voyage fut de courte durée, mais c'est typiquement le genre d'attention qui peut tout changer dans la vie de quelqu'un, surtout quand on se sent au trente-sixième dessous. Quel homme formidable !

J'ai parfois l'impression que les personnes en état de souffrance deviennent invisibles pour leur entourage. Peut-être est-ce dû au fait que ceux dont les vies ne sont pas ébranlées se protègent afin de ne pas se retrouver entraînés dans les malheurs d'autrui. Mais moins vous regarderez les gens qui souffrent, plus vous serez déconnectés des autres, au risque ultime de l'indifférence. Au bout d'une telle existence d'aveuglement, peu de personnes se soucieront de votre perte. Donc, même si l'empathie avec ceux qui souffrent peut parfois blesser spirituellement ou physiquement, je ne saurais trop vous conseiller d'agir en ce sens, et ce autant pour les autres que pour vous-même, car chacun s'en trouve renforcé.

Ce que vous faites pour les autres vous revient toujours au centuple, et le fait d'être gentil avec son entourage se reflète indéniablement sur votre tempérament et votre propre bien-être. Souvenez-vous que les petites attentions ont une immense portée, et que ce sont souvent celles qui font le plus plaisir. Ne les négligez donc pas !

Nous avons tous entendu des mots comme : « Surtout, si je peux t'aider, n'hésite pas. » Noble intention, mais quand les soucis surviennent et que vous décrochez votre téléphone, on vous répond souvent : « Je suis vraiment débordé. Désolé, mais ce n'est pas le bon moment pour moi.» Il est regrettable que ce soit la paresse qui dicte souvent ce genre de mots.

Une telle offre non honorée laisse la personne qui a besoin d'aide dans un état encore plus critique. À toutes les personnes bien intentionnées qui ont l'habitude de ne pas honorer leurs offres de service, je rappellerais donc que l'enfer est pavé de bonnes intentions. Bien sûr, il existe des situations qui empêchent réellement de fournir l'aide qu'on a pu proposer – un accident de voiture, ou tout autre contretemps majeur. Cela, tout le monde peut le comprendre. Je ne fais qu'illustrer les caractéristiques de certains types de personnalités, et les répercussions qu'elles ont sur la façon dont ils sont perçus par leur entourage.

À l'extrême inverse, on trouve ceux qui donneraient leur chemise à tout le monde, et qui se perdent dans et pour les autres. Il s'agit bien sûr de trouver un juste milieu entre ces deux extrêmes. Il n'y a pas de mal à dire non à quelqu'un lorsque vous vous sentez trop impliqué, et que cela vous affecte moralement ou physiquement. Il est juste important de connaître ses limites, car ceux qui ne parviennent pas à s'en poser finissent par devenir les carpettes des autres.

Un comportement également destructeur est celui des individus qui refusent de respecter les limites d'autrui, et considèrent ces lignes de démarcation comme invisibles. Leur attitude méprisante blesse l'autre et lui extorque son énergie vitale chaque fois qu'ils dépassent ces limites. Nous avons tous croisé de ces « suceurs d'énergie » dans notre vie : une autre forme de vampirisme qui vous déprime littéralement et vous vide de vos forces.

Prenez le temps de considérer les personnes qui évoluent dans votre entourage. Sont-elles fortes et indépendantes, tout en étant attentives? Si tel est le cas, je vous félicite : vous partagez probablement ces qualités avec elles, et savez donc prendre soin de vos proches quand ils ont besoin de soutien et de réconfort. Par contre, si vous êtes entouré de personnes qui passent leur temps à vous emprunter de l'argent, qui sont persuadées que le monde entier leur en veut, et vous font l'effet d'un véritable drainage énergétique à chaque contact, vous allez avoir besoin de redéfinir qui vous êtes vraiment, sans quoi vous coulerez rapidement avec le navire. Alignez-vous sur les gens qui essaient sincèrement de s'améliorer, et qui ont envie de partager leur amitié. Nous sommes tous nés avec le même potentiel d'amour, et, pour la plupart d'entre nous, de travail. Comme le disait Ronald Reagan : « Le meilleur programme social, c'est le travail. »

Cela se rapproche de la fameuse théorie : « Apprends à un homme à pêcher... » On aide davantage quelqu'un en lui enseignant de nouvelles compétences ou en le conduisant à un entretien d'embauche qu'en lui accordant des « prêts » qui ne seront jamais remboursés. Quand un homme a faim, on peut partager son poisson avec lui, ou lui apprendre à pêcher. À chacun de choisir.

Je conseille donc à tous ceux qui prêtent régulièrement de l'argent à leur famille ou à leurs amis de plutôt les aider à chercher du travail ou à refaire leur CV – cela leur sera beaucoup plus utile que de payer leurs factures. De plus, cela renforcera leur caractère et stimulera leur confiance en eux, le jour où enfin ils n'auront plus à s'excuser en permanence. À vous de discerner si un prêt s'impose comme une question de vie ou de mort, ou bien si votre copine veut une fois de plus payer la caution de son petit ami. Utilisez votre bon sens, et faites des attestations écrites pour tout prêt d'argent ou de choses de valeur. Les contrats ne servent qu'en cas de litige, un bon emprunteur ne verra donc aucun inconvénient à vous signer un billet à ordre en bonne et due forme. Ne vous sentez pas coupable pour cela : cette simple mesure protège les deux parties concernées.

Pour en revenir à Reagan, je suis entièrement d'accord avec lui. Il serait temps que les gens regardent en arrière, et se souviennent de la vie qu'ont eue leurs grands-parents et arrière-grands-parents pour s'en inspirer. Nos ancêtres ont rencontré de grandes adversités, comme les deux guerres mondiales, ou un taux de mortalité infantile frisant les 50 %. Pourtant, peu d'entre eux se plaignaient ; les familles étaient soudées, et chacun travaillait dur.

Les enfants de ma génération possédaient les clés de la maison, et le foyer était déjà souvent monoparental. Il me revient de décider ce que je veux transmettre à mes enfants, mais ce qui était vrai pour moi ne l'est pas forcément pour eux. Je fais en sorte qu'ils se sentent aimés et en sécurité, afin que, comme aimait le dire mon père, ils puissent « rire au nez de l'adversité ». Nous détenons tous un héritage transmis par un membre de notre famille. C'est ce que nous décidons d'en faire qui nous appartient. Je suis consciente que certains héritages sont plus faciles à porter que d'autres ; mais demandez-vous si vous voulez être un martyr et vous détruire à petit feu, ou bien si vous voulez apprendre à quelqu'un comment porter fièrement cet héritage, afin qu'il soit encore plus facile à transmettre au suivant.

Si chacun d'entre nous vivait sa vie avec la ferme intention de la rendre meilleure pour les générations futures, notre monde serait bien différent. Fort heureusement, beaucoup de gens vivent avec ce credo, et l'on peut voir le fruit de leur labeur dans l'enrichissement moral qu'ils ont apporté autour d'eux, ainsi que dans l'adoration manifestée dans les commémorations organisées pour ces personnages marquants.

Mon grand-père, par exemple, m'a transmis l'amour du travail et de la famille, ainsi qu'une bonne dose d'obstination et de fierté – il aurait préféré mourir plutôt que de se faire aider. Orgueilleux ? Oui, on peut le dire. Cela n'empêcha pas des centaines de personnes de venir nous dire combien il avait été un homme formidable, lors de ses funérailles. Sa force de caractère suscitait l'admiration de tous, et nous sommes fiers d'en avoir hérité. Il a donné à notre famille un bel exemple à suivre, et un grand-père à admirer.

À tous ceux dont le leitmotiv est : « Je n'y arriverai jamais », j'ai donc envie de dire de rayer définitivement cette pensée de leur esprit, et de se réinventer. Certes, nous traversons tous des moments difficiles, mais il existe tellement de façons de se sentir bien dans sa vie ! Nul besoin d'être riche pour cela. Mon grand-père travaillait dur, mais il n'était pas riche, et ne nous a pas légué de fortune. C'est la famille qui comptait le plus à ses yeux, et si sa vie a été réussie, c'est grâce à l'attention qu'il portait aux personnes qui l'entouraient. J'ai beaucoup appris de lui. Sa sagesse était simple et facile à comprendre. Pour le paraphraser : « Toute parole donnée doit être tenue. Souviens-toi que, quand tu sors dans le monde, tu es l'image de ta famille, alors montre au monde qui nous sommes, pour que nous en soyons fiers. »

Quel homme ! Si j'ai choisi de partager son souvenir avec vous, c'est qu'il y a beaucoup à apprendre de la sagesse qui nous entoure, et par conséquent de la sienne, entre autres. Vous ne me verrez jamais me balader en scooter, écumant les vide-greniers de mon quartier : c'était son truc, pas le mien. Mais il m'a appris à devenir moi-même. Je vois de temps en temps l'apparition de mon grand-père Joe, mais il se contente de me faire un clin d'œil dans un petit hochement de tête avant de disparaître, car il m'a confié tout ce qu'il avait d'important à dire avant sa mort. Au moment du décès de ma grand-mère Lesa, grand-père m'a donné quelques messages à faire passer à mon oncle Joe et à ma tante Linda, mais c'est à peu près tout.

Je constate que la colère est un élément qui peut ralentir le développement d'une personne au cours d'une vie. La rage que contiennent certains est tout bonnement effrayante. Nous sommes tous responsables de nos actes ; vivez donc sans avoir de regrets. Pour cela, ne soyez pas de ceux dont les autres ont peur, ou qui ne cherchent qu'à blesser autrui pour se sentir mieux. J'en ai vu quelques-unes de ces brutes qui, bien qu'adultes, se comportaient comme ces petits tyrans des cours de récréation, bombant le torse pour intimider les enfants plus intelligents qu'eux. Le plus triste, c'est que ce type de comportement freine tout leur entourage.

Ma mère aimait beaucoup raconter une anecdote datant de mes années d'école primaire : un garçon plus vieux que moi m'avait poussée et j'étais tombée en arrière sur une buse en béton. Je me mis d'abord à pleurer, puis me relevai, dépoussiérai ma robe et me jetai sur lui pour lui mettre un bon coup de poing dans le ventre. On l'emmena à l'infirmerie : j'étais contente – malgré la belle bosse qui avait poussé sur ma tête. Une fois sa douleur à l'estomac soignée, il fut expulsé de l'école : il n'était plus là pour se moquer de mes cheveux roux.

Je ne veux pas dire par là qu'il faut passer toutes les terreurs à tabac. Je veux juste montrer qu'en grandissant j'ai appris à reconnaître les individus brutaux lorsque j'en croise (d'ailleurs, quel que soit leur âge, ils se ressemblent tous). Savoir se tenir droit dans ses bottes est déterminant dans certaines situations, afin que chacun sache où se situent les limites à ne pas franchir. Cela fait partie du respect et du soin que chacun doit s'accorder à lui-même. En effet, comment pourrions-nous aimer les autres et comprendre pourquoi ils nous aiment si nous ne nous aimons pas nous-même ?

Nous sommes tous les jours en interaction avec les gens qui composent notre entourage. Il y a là quantité d'opportunités de nous faciliter ou de nous compliquer l'existence. Le fait que vous saisissiez ou non ces opportunités en dit long sur votre cheminement dans la vie. Personnellement, je trouve que faire du bien à quelqu'un n'est pas seulement quelque chose de juste et bon, mais que cela nourrit mon esprit. Mon conseil est donc le suivant : essayez de vous élever, précisément lorsque les choses ne vont pas très bien dans votre vie, et vous verrez à quelle vitesse le changement opérera. Il existe des gens qui en font tant pour les autres qu'ils ont l'impression de ne jamais pouvoir en faire suffisamment. J'ai la chance d'avoir pu en côtoyer dans le milieu humanitaire. Rencontrer de telles personnes, ne serait-ce qu'une fois dans sa vie – c'est-à-dire quelqu'un qui porte un regard différent sur le monde –, est en effet une véritable chance.

Pour ceux d'entre vous qui ne savent pas vraiment s'ils ont déjà été utiles autour d'eux, allez dès aujourd'hui vers quelqu'un qui a besoin d'un peu de gentillesse. Allez, et enseignez : si chacun allait vers autrui pour lui apporter de l'aide, et qu'il enseigne ensuite cela à ses enfants, imaginez un peu le phénoménal effet papillon que cela déclencherait sur Terre. J'apprécie toujours énormément qu'un étranger me sourie sans nulle autre raison que celle de se connecter à moi. Cette personne n'attend qu'un sourire amical en retour, ce que je lui donne bien volontiers. Quand je lis le courrier de mes lecteurs, je suis heureuse de constater qu'ils ont à cœur de vivre une vie meilleure, et qu'ils savent profiter des instants de bonheur qui se sont présentés à eux. Le simple fait que vous lisiez mon livre montre que nous sommes dans la même quête, celle qui consiste à mieux comprendre la mort pour mieux vivre sa vie.

Si vous le pouvez, essayez de ne pas vous encombrer de trop de bagages émotionnels au cours de votre existence – au bout du compte, vous ne feriez que les passer aux autres. Bien sûr, l'objectif ultime reste de vivre sa vie au maximum de ses capacités. Nous avons tous de multiples facettes et de nombreux talents. Je suis un médium, mais aussi une épouse, une mère, une amie. Je n'hésite pas à monter au front, je collecte des fonds pour des associations caritatives, je suis l'auteur de trois livres – et ce n'est pas fini! J'aspire à améliorer mes connaissances en langues étrangères, et je veux apprendre à jouer le thème principal du film *Somewhere in Time* (*Quelque part dans le temps*) au piano. Pourquoi? Parce que cela me ferait plaisir, voilà pourquoi, et c'est une raison bien suffisante! Tout ce que je suis ou que j'ai fait ne peut être résumé. Ce n'est là qu'une partie de ma vie, et je compte bien continuer à être et à en faire toujours plus.

C'est tout un art de parvenir à conjuguer plusieurs vies dans celle qui nous est donnée : pour ce faire, dirigez-vous vers ce qui vous attire naturellement, faites ce qui vous semble juste et important pour vous, et, par-dessus tout, aidez les autres à en faire de même. Tel est notre héritage, c'est pour cela que nous sommes ici, et, à l'instar du monarque, nous n'effectuerons qu'une partie de la migration dans cette existence. Mais nous passons à notre tour le flambeau à ceux qui nous suivent pour que l'élan continue, et ce flambeau est fait du feu qui crépite dans nos yeux et dans nos cœurs : le feu de notre âme.

Il m'est arrivé fréquemment de recevoir la « visite » d'un parent défunt pour son enfant. Le père ou la mère me donnent alors à voir leur enfant, les yeux perdus dans un miroir, où ils lui apparaissent soudain pour lui faire un clin d'œil et un sourire complice. Leurs mots sont souvent ceux-ci : « Si tu as besoin de moi, il te suffit de regarder dans le miroir, et tu me verras. » Nos chers disparus ne sont jamais bien loin de nous. Ils font partie du paysage de notre vie, comme nous le ferons pour ceux qui nous suivront. Rendez-leur grâce en honorant votre propre grandeur, et en célébrant le souvenir de la leur.

4

HISTOIRES DE FAMILLE

Le titre de ce chapitre parle de lui-même : nous allons évoquer ici notre famille, nos amis, et la façon dont ces liens influencent réciproquement nos vies. Cela peut être de parent à enfant, ou à tout autre niveau de relation familiale ou amicale. En ce qui me concerne, c'est mon amie Domini qui me passa le flambeau, afin que je reprenne la tâche qu'elle n'a pas eu le temps d'accomplir parmi les vivants.

Vous êtes nombreux à avoir lu mes livres *Nos proches ne meurent jamais*[1] et *Nous sommes leur paradis*, où j'évoque mon amie d'enfance Domini. C'est à l'âge de quatorze ans que je fis sa connaissance, à l'arrêt du bus qui nous emmenait à l'école. De cet instant naquit une amitié qui nous verrait partager la même chambre, jusqu'à partager l'écriture de ce livre, si je puis dire. Lorsque nous étions

1. Presses du Châtelet, 2007.

adolescentes (Domini avait deux ans de plus que moi), nous sommes allées voir le film *Beaches*. En sortant de la séance, elle me demanda de lui promettre d'être toujours là pour sa fille, et de lui raconter ce que nous avions vécu ensemble, au cas où il lui arriverait quelque chose.

Je me suis tout d'abord rebiffée contre cette idée bizarre (pourquoi devrait-elle disparaître?), mais je me suis ensuite calmée, avant de finalement accepter le pacte. J'étais jeune, et avais bien du mal à imaginer une de mes amies mourir avant d'avoir les cheveux blancs. J'avais dix-huit ans lorsque Marissa est née, et je me souviens très bien de la première fois où j'ai pris dans mes bras la fille de ma meilleure amie. Elle avait les yeux bleus des bébés et les cheveux du même roux éclatant que sa mère.

Peu de temps après, j'ai emmené Domini voir un médecin pour l'ablation d'un kyste à l'ovaire. Je lui ai conseillé de prendre davantage soin d'elle, sans quoi elle risquait de ne pas passer la trentaine. Cela ne lui fit pas peur. Elle avait confiance en moi, mais continua à vivre sa vie comme elle l'entendait. Les premières couches que j'ai changées dans ma vie furent celles de Marissa… et mises à l'envers! Ma jeunesse me portait encore à croire que les Happy Meals étaient un moyen universel et infaillible de faire cesser les hurlements de nos chères têtes blondes. (Je vous promets que je m'en sors bien mieux maintenant, en tant que parent!) Deux ans plus tard, je fis la connaissance de Joe, et la vie de Domini et la mienne prirent des directions différentes.

Au bout de quelques années, je ressentis soudain un besoin urgent de retrouver mon amie, et j'entrepris des recherches sur Internet. Je dénichai d'abord le numéro de Dominic, le père de Marissa et ex-mari de Domini. De fil en aiguille, je parvins à renouer contact avec Domini qui m'annonça alors être enceinte et remariée. Hélas, un an après ces retrouvailles, elle mourut d'un mélanome à l'âge de trente et un ans. Lors de ses derniers jours, elle me rappela le serment que je lui avais fait il y avait bien longtemps, à la suite de la projection du film *Beaches*, et la promesse envers Marissa. Quand Domini est morte, Marissa avait juste onze ans.

Projetons-nous maintenant cinq ans plus tard. Joe et moi étions assis dans notre patio, à discuter de la fête organisée pour les seize ans de Marissa. Quelque chose accrocha mon regard et me fit soudain lever la tête : appuyée sur l'un des poteaux du patio, Domini me regardait en souriant. J'étais très heureuse de la voir, car elle ne m'apparaissait qu'une ou deux fois par an. J'imagine que c'est la proximité de son anniversaire et de celui de Marissa – toutes deux sont nées en novembre – qui l'amenait dans les parages.

Même dans la mort, Domini avait le regard pétillant. Ses cheveux étaient détachés, et elle portait une jupe noire avec un haut à épaulettes, qu'elle aimait beaucoup à la période où nous nous étions rencontrées. Grand sourire éclatant, air mutin, regard de celui qui sait quelque chose que vous ignorez : c'était elle à 100 %. Je fis part à Joe de ce qu'il se passait, ce qui le fit sourire.

Il connaissait Domini, et elle lui manquait aussi. Je remarquai soudain qu'elle portait mes vieux escarpins noirs.

— Domini, pourquoi portes-tu mes vieilles chaussures? lui demandai-je.

Son sourire devint sérieux lorsqu'elle me répondit :

— Je voulais juste voir ce que ça fait de marcher avec tes chaussures pendant une journée[1], Ali.

Elle disparut alors aussi vite qu'elle était apparue. Mais pourquoi diable avait-elle parlé de cela, de marcher avec mes chaussures? Quoi qu'il en soit, j'étais contente de sa visite, et je me dis que le sens de ses mots me serait sûrement révélé plus tard. Les seize ans de Marissa approchaient, et je voulais vraiment faire quelque chose de spécial à cette occasion. Une image de Marissa avec ses parents s'imposa alors à mon esprit. Je passai un coup de fil à Dominic pour lui demander une photo d'eux trois quand Marissa était bébé. Il en trouva une parfaite, que je décidai de faire scanner sur le gâteau d'anniversaire, afin que Marissa voie sa mère lors de l'événement, et que Domini en soit le centre. La jeune fille voulut organiser la fête sur une piste de roller, chose dont je décidai de m'occuper. J'adore faire du roller! C'est précisément la piste où je m'entraînais quand j'étais gamine que nous allions louer. J'étais absolument

1. En anglais, l'expression « marcher avec les chaussures de quelqu'un » signifie « se mettre dans la peau de quelqu'un, à sa place ». *(N.d.T.)*

emballée par cette perspective, et fis même un peu de zèle en réservant la totalité de la piste rien que pour Marissa. J'honorais ainsi de nouveau ma promesse à Domini, et cette fête d'anniversaire me rapprochait encore plus de la période de ma vie où j'avais fait ce serment. Était-il possible que Marissa ait seize ans, et que Domini soit morte? Cela me semblait impossible, mais je sais que je ne suis pas la seule personne au monde à ressentir ce type de chose.

La fête d'anniversaire de Marissa fut très réussie, en dépit du sentiment qu'il manquait quelque chose, ou quelqu'un. Lorsque je lui présentai le gâteau, elle porta la main à sa bouche, émue comme si elle revoyait sa mère pour la première fois depuis cinq ans. Les larmes aux yeux, elle murmura: «Je sais que maman est là.» Je lui fis signe que oui.

Je regardai ma fille Aurora et Marissa patiner à toute vitesse vers un photomaton et rigoler comme des petites folles en se faisant photographier. C'était exactement comme Domini et moi l'avions rêvé quand nous étions jeunes, et conforme au rêve de nombreuses jeunes filles: nous élèverions nos enfants ensemble, et ils deviendraient amis à leur tour. Les personnages de *Beaches* me revinrent en mémoire. Deux amis, prêts à affronter le monde, qui allaient se faire prendre en photo dans un photomaton tout à fait semblable à celui où nos filles étaient assises en ce moment même. Le genre de photos que l'on garde toute sa vie. «Comme c'est drôle», songeai-je.

Les filles déboulèrent de la cabine du photomaton pour foncer sur la piste de patinage. Je n'avais plus qu'une chose en tête : Domini me manquait terriblement.

Les gens ont tendance à croire que le fait d'être médium m'épargne la souffrance due à l'absence des disparus. Il n'en est rien. J'ai certes une conscience plus profonde de leur présence parmi nous, mais sous une autre forme, qui ne m'empêche pas de ressentir le manque et la nostalgie du temps où ils étaient présents.

Je me suis tenue un moment à distance du groupe, car l'honneur qu'on m'avait fait de couper le gâteau et de le distribuer aux enfants m'avait quelque peu bouleversée. Marissa s'était écriée :

— Je veux le morceau avec maman et moi dessus !

— Mais il est pour toi, ma puce ! lui avais-je répondu.

Avoir vu mon amie sur ce gâteau en l'honneur de sa fille m'avait à la fois comblée et déchiré le cœur. Je ressentais également de la fierté à l'idée d'avoir rendu cet instant possible pour Marissa et Dom. Je me calmai, même si je maudis un instant la nature de m'avoir donné des yeux pour pleurer et un cœur pour souffrir. Joe s'approcha et posa une main sur mon épaule. L'air exalté, il me confia soudain : « Allison, je sais ce que Dom voulait dire par "marcher avec tes chaussures". Tout comme toi, elle ne peut être entendue et comprise de personne, car elle a des chaussures de morte. Aujourd'hui, c'est toi qui as pris ses chaussures en faisant tout ce que tu as fait pour sa fille. Tu as organisé cette fête, servi le gâteau, acheté à Marissa la tenue qu'elle voulait pour l'occasion, et tu lui as rappelé combien elle était aimée. Vous avez donc échangé vos chaussures pour une journée. »

Un immense sourire illumina mon visage : Joe avait raison. Quand Domini était encore des nôtres, elle avait du mal à comprendre ce que représentait pour moi le fait de voir « l'autre côté » et de vivre avec, car c'était une partie de ma personnalité dont elle ne pouvait faire l'expérience directe. Après sa mort, elle a non seulement pu le voir par elle-même, mais elle l'a intégré.

Bravo, Joe ! Cette analogie était pleine de sens – et de bon sens ! –, et je savais qu'il était dans le vrai.

J'étais trop proche de Domini pour pouvoir résoudre son énigme, mais ce n'était pas le cas de Joe. Quelle aubaine d'avoir un mari capable de déchiffrer de tels messages !

La tempête de mes émotions commençait tout juste à s'apaiser lorsque le DJ lança « I Will Survive » de Gloria Gaynor. Mes lecteurs se souviendront que c'est le signal d'appel de Domini. La chose était assez improbable, car Marissa avait préconisé que le DJ passe des musiques plutôt alternatives du genre Green Day et Avril Lavigne, plus en phase avec le style roller, skate-board et compagnie, si vous voyez ce que je veux dire – c'est du moins ma perception d'adulte sur ces musiques pour jeunes. Nous étions donc *a priori* bien loin du disco. Je demandai à Dominic si c'était lui qui avait demandé cette chanson : il secoua négativement la tête. Dans un sourire entendu, un mot pas très correct – mais plein d'humour – me vint alors à l'esprit pour qualifier Domini. Elle voulait juste s'assurer que sa présence serait remarquée en ce jour très spécial pour Marissa. La chanson me donna l'impression d'être jouée au ralenti et de durer des heures, mais elle finit par s'arrêter.

Je me sentais l'esprit quelque peu embrumé, et la fête touchait à sa fin. Après de nombreux hot dogs, sodas, pizzas et autres morceaux de musique pour adolescents, l'anniversaire de Marissa avait atteint le statut de fiesta mémorable. Elle rayonnait de joie et de satisfaction, ce qui me combla. Il me semble clair que toutes les bonnes idées que j'ai eues pour l'organisation de cette fête ne sont pas venues que de moi. Domini adorait s'amuser, et cela faisait un bon moment que ce n'était pas arrivé. Elle m'avait passé le flambeau, celui qui impliquait que je sois là pour sa fille quand elle ne le pouvait pas physiquement, et je fus heureuse de le porter. Ce fut aussi le jour où il devint évident que Domini avait transmis à sa fille son amour de la vie, et sa croyance en une vie après la mort.

Domini a encore frappé !

J'évoque souvent à mon public l'incroyable somme de pouvoirs que les trépassés possèdent de l'autre côté de la réalité, et le fait que les choses ne sont pas toujours ce qu'elles semblent être.

Domini est morte le 2 avril 2001, voici presque six ans au moment où j'écris ces lignes – six ans moins une semaine, pour être exacte. Malgré leur divorce et le remariage de Domini, Dominic s'occupa beaucoup d'elle durant les derniers mois de sa vie. Le nouveau mari s'étant rapidement éclipsé au début de sa maladie, Dominic était de nouveau rentré dans sa vie.

Un jeu-concours était organisé depuis presque deux semaines déjà par une radio de Phoenix lorsque j'en entendis parler, deux jours avant qu'il ne prenne fin. Une voiture neuve était en jeu, et l'objectif du concours était d'être celui qui amènerait le plus de célébrités à téléphoner à la station. Si j'avais su alors que le concours avait démarré deux semaines plus tôt, je ne me serais pas démenée comme je l'ai fait pour aider Dominic à tenter de remporter le prix pour notre Marissa qui venait de fêter ses seize ans. Je fis marcher à fond mon réseau relationnel pour que le maximum de célébrités appellent la radio, mais d'autres participants avaient aussi réussi à faire téléphoner de grandes vedettes, et ils avaient presque deux semaines d'avance sur moi.

Je me suis réellement enflammée pour essayer de gagner ce concours, car j'avais l'impression que Domini me poussait à aider Dominic par tous les moyens, et qu'elle me fournissait de l'énergie en ce sens. De plus, je savais que Dom n'avait jamais possédé de voiture neuve, et je sentais bien qu'elle le voulait pour sa fille – comme tous ces parents qui ont une tendance naturelle à vouloir offrir à leurs enfants ce qui leur a manqué, matériellement ou affectivement. Je savais que Domini tirait les ficelles de tout cela : je m'adressai donc à elle pour solliciter son aide depuis l'autre côté du réel, car je n'étais qu'un joueur parmi les autres, et j'avais démarré la compétition avec un certain retard – j'ignorais la mesure de ce retard jusqu'au jour où ils annoncèrent le nom du gagnant à la radio.

Je pus convaincre les membres de la famille Arquette de téléphoner, ce qui ne me surprit guère, car Patricia a toujours eu le cœur sur la main. Malgré la surcharge de travail occasionnée par une tournée de promotion, elle eut cette pensée pour Marissa et prit le temps d'appeler pour elle. Sa mère étant également morte d'un cancer, Patricia compatissait donc beaucoup avec Marissa. Plusieurs autres personnalités appelèrent également à ma demande, et je n'eus plus qu'à croiser les doigts et à prier de tout mon cœur. Le lendemain, on annonça le nom du vainqueur à la radio… Et il ne s'agissait pas de nous. D'un côté, j'étais soulagée que ce soit terminé, et de l'autre, j'avais l'impression terrible d'avoir déçu Domini et Dominic à la fois. Je me sentais aussi mal que si elle était morte trois jours auparavant.

Je suis sortie déjeuner avec Joe pour me changer les idées. Tandis que nous déjeunions, le téléphone portable de Joe se mit à sonner. Apparemment, durant sa tournée, Patricia Arquette avait parlé du concours à l'une de ses amies actrices, qui avait été touchée par l'histoire de Marissa. Cette femme avait aussi perdu sa mère d'un cancer alors qu'elle n'était qu'une enfant. Mais, le temps que cette amie actrice appelle la station de radio, le jeu était fini. Elle aussi était déçue. Le regard dénué d'expression, Joe se tourna vers moi.

— Alors, qui était-ce? le questionnai-je.

— Allison, j'ai un numéro de téléphone à te transmettre. C'est le numéro de l'assistante personnelle d'une célébrité qui veut te parler.

Vous vous demandez peut-être pourquoi je ne cite pas le nom de cette vedette : eh bien, c'est simplement parce que cette personne, par humilité, ne souhaite pas que je fasse la publicité de ses bonnes actions. J'imagine aussi qu'elle n'a pas l'intention d'offrir une voiture neuve au monde entier, chose que je comprends parfaitement. J'appelai donc l'assistante, une jeune femme intelligente et dynamique, qui m'annonça qui elle représentait avant de me couper le souffle.

— Madame DuBois, ma patronne souhaite que j'achète une voiture pour Marissa.

— Pardon? Vous êtes sérieuse?

— Très sérieuse. Quel type de voiture était en jeu dans ce concours?

— C'était une Mitsubishi Spyder 2007 convertible, répondis-je alors que mon visage se décomposait à mesure que je me rendais compte de la beauté du geste dont nous parlions.

J'étais stupéfaite, pleine de reconnaissance envers la donatrice, et d'admiration pour Domini, qui avait certainement dû déplacer des montagnes pour rendre cet événement possible. La voiture serait livrée le 2 avril, c'est-à-dire le jour même du sixième anniversaire de la mort de Domini. Tout s'imbriquait parfaitement.

Regardons de plus près l'ensemble des événements qui ont dû se produire pour que Marissa puisse avoir cette voiture. Il a d'abord fallu que la station de radio organise ce concours, dont le prix devait être une voiture – sans quoi Dominic n'eût pas trouvé d'intérêt à y participer, ni moi à lui prêter main-forte. Il a fallu que je tombe « par hasard » sur cette radio pour entendre parler de ce concours. La date du décès de Domini avait son rôle à jouer afin que je me sente stimulée à faire cela pour elle, et à aider Dominic dans son démarchage de célébrités. Il a fallu que je connaisse Patricia Arquette, et qu'elle se soucie suffisamment de moi pour accepter de le faire. Il a ensuite fallu qu'elle participe à ce spectacle télévisé ce jour précis, où elle a pu parler à son amie actrice et la convaincre d'appeler la radio pour le compte de Dominic. Notons que Patricia et son amie ont toutes deux perdu leur mère mortes d'un cancer, ce qui les a particulièrement sensibilisées à la cause de Marissa. Beaucoup d'étapes et de conditions auront donc été nécessaires pour que cette voiture arrive jusqu'à Marissa, et pour lui montrer que son sort importait à ces deux femmes accomplies – qui sont aussi des mères, et que Domini était parvenue à toucher.

J'ai toujours affirmé que si les disparus veulent que quelque chose soit fait pour l'un de leurs chers vivants, ils peuvent œuvrer à travers nous pour obtenir le résultat désiré. Ceux d'entre nous qui écoutent les trépassés avec cœur continuent de faire vivre leurs âmes, toujours vivantes, et leur permettent de nous influencer positivement, de nous guider dans la bonne direction, pour nous-même et ceux que nous aimons. Cela peut sembler paradoxal, mais les défunts considèrent ceux qui les écoutent comme des sortes « d'anges sur Terre », car en soutenant les autres nous les aidons à exprimer et réaliser leurs souhaits les plus profonds. Il n'est pas donné à tout le monde d'avoir l'occasion de participer à ce qui peut changer une vie dans le bon sens. Domini s'est exprimée à travers moi pour donner de l'amour à sa fille et inciter les autres à être attentifs entre eux ; grâce à leurs efforts et à leur énergie, les morts ont la capacité et la volonté de prolonger leur amour pour nous.

On m'informa que la voiture serait livrée devant la maison de Marissa avec un gros ruban rouge sur le toit, et un petit mot de Patricia et de sa célèbre amie sur le pare-brise. Ce jour allait être mémorable, et pas seulement parce que c'était l'anniversaire de la mort de Domini ou que sa fille s'apprêtait à recevoir une énorme preuve d'affection de la part de deux femmes influentes.

Je m'apprêtais à partir chez Marissa pour sa surprise lorsque mon téléphone sonna. C'était mon ami Johnjay, animateur radio sur Kiss FM, la station qui avait organisé le fameux concours. Il m'apprit que son père, que j'appelais affectueusement « Big John », venait de mourir. J'étais effondrée, et profondément émue pour Johnjay et sa famille. Son père me rappelait beaucoup le mien, qui me manquait tant. Tous deux étaient d'irrésistibles hommes à femmes, qui mettaient de l'ambiance dans toutes les soirées. Mais certaines choses ne me semblaient pas très cohérentes dans la mort de Big John : je demandai donc à Johnjay de s'assurer que tout reste bien en place, comme sur une scène de crime, juste au cas où – car on ne peut jamais revenir en arrière une fois que les preuves ont été effacées. Il suffit parfois d'un détail pour ouvrir un dossier qui n'avait *a priori* pas lieu de l'être. En pareils cas, tout doit être strictement préservé en l'état. Cette journée, qui était déjà si particulière, le devint donc davantage encore. Dorénavant, Big John et ma Domini partageraient le même anniversaire de départ. Le regard perdu par la fenêtre, je me demandais comment mon ami Johnjay se sentait en ce moment, quand la réponse à ce questionnement s'imposa soudain à moi.

Plusieurs semaines plus tard, Johnjay évoqua le souvenir d'un déjeuner que nous avions pris ensemble à Pinetop, en Arizona, quelque trois mois avant le décès de son père. « Allison, ce jour-là, tu m'as pris le bras en me demandant de m'assurer que mon père effectue un bilan cardiaque prochainement. »

Je me rappelais très bien ce moment, et notai intérieurement que le médecin avait établi la cause du décès comme étant un accident cardiaque, mais je ne voulais pas que Johnjay se sente responsable de la mort de son père – les enfants ont une tendance naturelle à se sentir coupables quand ils perdent un parent. La mort de Big John me faisait penser à celle de mon père : rien ne pouvait être fait pour l'empêcher. Dans certains cas, aucune intervention ne peut changer ce qui doit advenir.

Il existait donc d'intéressantes similitudes dans la disparition de nos deux pères. Nos pères sont morts à six mois d'écart, le mien le 22 septembre, et le sien le 2 avril. Pour moi, le signe de la présence de mon père a toujours été le 222, nombre que ces deux dates constituent justement. Ceux d'entre vous qui ont lu mes précédents ouvrages savent l'importance que j'accorde aux nombres. Mon père est mort en Arizona, le 22 septembre 2002, alors que je me trouvais au mariage de ma cousine Vanessa en Californie. J'ai dû prendre un avion plus tôt que prévu pour m'occuper des formalités à accomplir. Johnjay, lui, se trouvait en Arizona, alors que son père était en Californie : il a donc dû faire le chemin inverse. Il venait juste d'emménager dans une maison à Phoenix, et se trouvait encore au milieu des cartons. Je venais moi aussi d'emménager dans une nouvelle maison à Phoenix quand mon père est mort, trois semaines après mon arrivée. Nos pères n'ont pas eu le temps de franchir le seuil de nos nouvelles maisons. Tous deux sont morts d'un accident cardiaque, sans avoir jamais eu la moindre alerte de ce côté-là précédemment. Ce sont leurs compagnes qui ont découvert leur corps, dans la même pièce de leurs maisons respectives. Son père, un Hollandais, avait épousé une Mexicaine ; mon père, un Espagnol, avait épousé une Allemande. Un jour, j'avais dit à Johnjay que nous devrions fêter Halloween ensemble en tant qu'« obscur duo mexicain », car, si aucun de nous n'a l'air latino, nous sommes tous deux fans de leur nourriture. Nos contextes «historiques» sont donc très proches. Nos pères étaient très appréciés, et nos amis nous disaient souvent qu'ils auraient rêvé d'avoir un tel papa. Nous sommes deux enfants dans ma famille, un garçon et une fille. Même chose pour Johnjay, qui a une sœur. Lui et sa femme, Blake, ont trois fils, et Joe et moi, trois filles.

Un moment particulièrement douloureux pour les gens est celui où ils répandent les cendres d'un proche disparu. Comme son père adorait le chiffre 7, Johnjay décida de le faire le 7 juillet 2007 à 7 h 07 du soir. En juin 2007, j'étais en tournée de promotion à Tokyo pour *Medium*, *Nous sommes leur paradis* et *Nos proches ne meurent jamais*. En quête de souvenirs pour mes amis, je me suis rendue dans un magasin de bibelots où je suis tombée sur un porte-clés représentant un dragon tenant une boule de verre entre les mâchoires. L'arrière de l'objet arborait le nombre 777. Je me suis d'abord dit que cette babiole pour touristes était assez caricaturale, mais je sentis la présence de Big John qui me poussait à l'acheter pour Johnjay. De retour aux États-Unis, nous avons pris la direction de notre petite maison de vacances. Auparavant, je passai chez Johnjay et déposai mon petit cadeau sur le pare-brise de sa voiture – lui aussi était parti pour quelques jours de congés avec sa famille.

Un peu plus tard, Johnjay téléphona à Joe, tout excité: «Joe, tu ne me croiras jamais! J'ai passé toute la journée à chercher en vain le porte-clés de mon père. Je suis allé auprès de ma voiture pour voir ce que vous m'aviez laissé, et là, surprise! Exactement le même porte-clés que celui que mon père avait ramené de Tokyo, voici des années, sauf que celui-ci porte le numéro 777 au dos! N'est-ce pas incroyable?»

Ce n'est là qu'un exemple supplémentaire de la capacité qu'ont les défunts à agir envers ceux qui leur sont chers, par l'intermédiaire des vivants. Big John avait trouvé une façon explicite de faire comprendre à son fils qu'il était toujours avec lui.

La vie de Johnjay et la mienne présentent de nombreux parallèles. Il est agréable d'avoir un ami avec qui partager les mêmes expériences de famille. Je ne me l'explique pas vraiment, mais je sais que nous avons été amenés à nous rencontrer pour une bonne raison. J'ai rencontré Johnjay lors d'une interview pour son émission de radio matinale, voici plus de deux ans. C'est là que notre histoire a débuté. Si vous avez eu la chance de croiser le chemin de quelqu'un avec qui vous vous êtes tout de suite senti «en famille», prenez-le comme une bénédiction. Cela vaut d'ailleurs autant pour la faculté de cette personne à vous agacer qu'à vous apporter du réconfort!

Revenons-en à Marissa. Je finis par arriver chez elle avec Joe et notre fille aînée Aurora qui a grandi avec Marissa. Elle aussi avait hâte de voir le visage de son amie s'illuminer. Nous avons garé notre véhicule de façon à masquer la voiture flambant neuve de Marissa. Cette magnifique Mitsubishi Spyder 2007 convertible, d'un rouge éclatant, faisait même envie aux adultes que nous étions. Nous l'avons garée dans l'allée, en laissant un panneau avec des collages de photos de Domini sur le siège passager. J'ajoutai la carte avec mon petit mot à celles de nos généreuses donatrices, et nous nous mîmes en embuscade, guettant le moment où Marissa descendrait du bus qui la ramenait de l'école. Nous savions que cela allait être le choc de sa vie. Notre ami Randy Stein de Kiss FM était présent pour enregistrer la scène et en faire ensuite profiter ses auditeurs. Je n'avais jamais vu le père de Marissa aussi heureux depuis ces six dernières années. Deux employés d'une concession automobile voisine affrontaient la chaleur, le sourire aux lèvres, pour assister à la surprise qui se préparait.

Le bus de Marissa arriva enfin. Elle remarqua d'abord un attroupement d'adultes devant chez elle, ce qui parut l'inquiéter. Je lui fis signe et marchai vers elle et l'amie qui l'accompagnait, pour la rassurer.

— Oh, je ne t'avais pas reconnue, me dit-elle.

— C'est normal, rétorquai-je avec humour. Après tout, tu ne m'as vue qu'entre le moment où j'ai changé tes couches et la semaine dernière ! Ce sont des choses qui arrivent !

Je la déstabilisais quelque peu. Comme elle s'était trouvée à une bonne distance de moi en descendant du bus, il était normal qu'elle ne m'ait pas aussitôt reconnue. Et pourquoi nous autres, adultes, aimons-nous donc tant rappeler aux jeunes que nous avons changé leurs couches?

Voilà que je me mettais moi aussi à prendre cette sale habitude!

Je commençai alors à expliquer à Marissa la raison de notre présence.

— Marissa, tu sais que nous avons vraiment tout fait pour essayer de gagner cette voiture lors du concours à la radio, n'est-ce pas? Et ça n'a pas marché.

Elle acquiesça.

— Eh bien, une amie célèbre de Patricia Arquette vient de t'en acheter une identique, lui dis-je, me retournant pour lui faire découvrir sa surprise.

Des larmes envahirent ses yeux incrédules. Je poursuivis :

— Toutes deux ont perdu leur maman d'un cancer alors qu'elles avaient ton âge. Elles voulaient que tu saches qu'elles comprennent ce que tu vis, et que tu comptes pour elles.

Il n'y avait plus un œil de sec à la ronde. Je savais que ma vieille amie, qui me manquait tant, avait travaillé main dans la main avec moi, comme au bon vieux temps, pour rendre cet instant possible. Nous avons filmé et photographié Marissa pour pouvoir faire partager l'émotion de cet instant aux deux femmes incroyablement généreuses qui l'avaient permis. Marissa nous regarda, et murmura d'une voix étranglée :

— C'est le plus beau jour de ma vie.

Considérant que c'était le jour anniversaire de la mort de sa mère, seul un acte désintéressé émanant de femmes qui comprenaient la douleur de Marissa pouvait faire de ce 2 avril le plus beau jour de sa vie. Aurora sauta à la place du passager, près de Marissa. Je les prenais en photo quand Dominic fit remarquer : « Regarde, Allison, on dirait toi et Domini. Vous aviez à peu près le même âge quand vous vous êtes connues : elle, seize, et toi, quatorze ans. »

Les larmes emplirent mes yeux lorsque je constatai en effet à quel point elles nous ressemblaient. Un cycle était accompli.

Je partage cette histoire avec vous pour deux raisons. Tout d'abord, parce que nous sommes tellement abreuvés de mauvaises nouvelles par les médias que nous avons tendance à oublier qu'il existe des gens fondamentalement bons, qui se soucient des autres. Pour nous, ce fut la philanthrope qui acheta la voiture et régla les frais de transport, et la famille aimante que Marissa aura toujours auprès d'elle. Ensuite, pour démontrer l'amour et le pouvoir que possède « l'autre côté », et ce qu'il nous accorde chaque jour. Il suffit de voir ce que Domini a mis en œuvre pour orchestrer tout cela, ainsi que les efforts de Patricia, de son amie, de leurs mères décédées et par extension de toutes les autres parties trop tôt, pour pouvoir parfois réconforter un enfant et lui montrer qu'elles sont toujours là.

Dernière remarque : si un cycle venait de s'accomplir, un autre s'ouvrait en même temps. Une autre personne allait maintenant avoir besoin de moi pour pouvoir « retrouver » son père. Un cycle s'achevait bel et bien en ce 2 avril. Ce jour-là, le flambeau fut passé d'un enfant qui avait perdu sa mère (Marissa) à un autre, qui venait de perdre son père (Johnjay). Marissa laissa un message pour Johnjay via l'enregistrement de Randy : elle lui dit qu'elle savait ce qu'il ressentait, et lui fit part de ses condoléances et de toute son amitié. Nous avons tous été très touchés par ces mots : c'était ceux d'une adolescente de seize ans qui ne vivait pas dans la colère vis-à-vis de ce monde qui lui avait pris sa mère, mais qui voulait au contraire aider les autres à comprendre que ceux que nous aimons ne meurent jamais. Ils sont toujours là, près de nous, quand nous en éprouvons le besoin... comme sa mère fut avec elle ce jour-là.

5

Le passage de flambeaux : les évolutions dans la famille

En transmettant à Marissa son amour de la vie et sa foi dans l'autre côté du réel, Domini a démontré que nous pouvons choisir de passer les « bons flambeaux » à nos enfants plutôt que les mauvais – comme l'accoutumance à la drogue, le souvenir de certains mots qu'on n'aurait jamais dû prononcer, ou l'absence de leurs parents.

Réfléchissez à l'influence que vous souhaitez avoir sur les gens qui partagent votre existence, et comment vous aimeriez qu'ils se souviennent de vous. J'ai écrit ce chapitre car il me semble que tout le monde ne se rend pas bien compte à quel point nous avons le pouvoir d'influer sur la vie entière de quelqu'un. Quand on y pense, on constate que nous avons tous eu vent de certaines histoires concernant des membres de notre famille que nous n'avons jamais connus, mais dont on peut voir les effets – bons ou mauvais – sur nos parents, grands-parents, etc. Lors de mes consultations, la manifestation d'un proche trépassé qui me délivre un message pour mon client est reçue de manières très différentes par celui-ci. J'en ai vu certains redevenir devant moi l'enfant blessé qu'ils étaient. J'ai vu des filles, auxquelles leur père apparaissait en s'excusant de ne pas avoir été suffisamment auprès d'elles de leur vivant, se mettre soudain à hurler sur le défunt et se retourner vers moi, les yeux meurtris, en disant qu'il était trop tard pour les excuses. J'en ai vu d'autres pleurer et sourire doucement, libérées d'entendre enfin les mots qu'elles attendaient depuis toujours.

En tant que parent, vous choisissez donc la façon dont vous serez reçu par vos enfants après votre mort. Certains parents ont pu engranger suffisamment de bons souvenirs dans l'existence de leurs enfants pour que les mauvais leur soient pardonnés, mais d'autres n'ont pas cette chance. Par conséquent, en élevant nos enfants, n'oublions pas de leur montrer chaque jour notre amour, afin qu'ils se sentent toujours aimés, même quand nous ne serons plus là. C'est maintenant ou jamais.

Nous avons le pouvoir de leur donner certains outils, qui seront ensuite transmis à travers les générations. L'un des outils que j'ai transmis à mes filles est la capacité à persévérer, en leur montrant que l'on peut parfois agir sur une expérience pénible afin qu'elle ne nous fasse plus de mal. Lorsque mon père est mort, par exemple, la seule chose que je voulais récupérer était une grande peinture qu'il avait fait faire de moi à l'âge de deux ans.

Certains membres de la famille devinrent furieux que j'aie hérité seule de son compte en banque, et le tableau disparut mystérieusement de la maison paternelle. Lorsque j'ai cherché à en savoir plus sur cette toile, on m'a répondu : « Oh, peut-être a-t-elle été jetée par mégarde ! »

Ces mots m'ont été dits avec tant de mépris et de sarcasme qu'ils frôlaient la haine. Je sais ce que traversent ceux qui viennent de perdre un être cher. Les affaires de mon père avaient été triées bien avant que je n'arrive à son domicile, car la famille se sentait investie de cette mission. Beaucoup de choses avaient donc disparu à mon arrivée. Ainsi que je l'ai déjà dit, la mort révèle souvent le meilleur ou le pire chez les gens. Ce tableau, qui me manquera toujours, me donna l'idée de transformer ce manque en une belle action. Comme mon père aimait ses petites-filles plus que tout au monde, je décidai donc de prendre une photo de chacune d'elles et de faire réaliser leur portrait, afin qu'elles puissent toutes en avoir un à aimer, comme j'avais aimé le mien.

Sophia possède maintenant un beau portrait d'elle à l'âge de quatre ans, où elle est vêtue comme une véritable Miss Amérique, avec la couronne et tout ce qui va avec. Elle est née un 4 juillet, et je sais que ce tableau lui sera cher toute sa vie, ainsi qu'à ses enfants. En ce moment, quand elle se couche, elle regarde longuement son image jusqu'à ce que le sommeil l'emporte, un sourire aux lèvres sur son petit visage d'ange. Le portrait de Fallon la représente dans ses habits de première communion, coiffée d'un diadème qui lui confère une allure de princesse. Je suis également sûre qu'elle le chérira toujours. Et celui d'Aurora, mon aînée, la met en scène dans ses habits bleu et or de pom-pom girl, à son entrée au collège. Je ne peux m'empêcher de sourire chaque fois que je le vois.

Au bout du compte, je ne possède peut-être pas le portrait de mes deux ans, mais j'ai au moins pu me débarrasser du ressentiment et de la peine causés par certains membres de ma famille en offrant à mes filles un superbe cadeau de la part de leur grand-père, et cela me rend heureuse.

Pour l'avoir regardé tout au long de ma vie, je me souviens du moindre détail de mon portrait. Je suis très reconnaissante à mon père d'avoir pris le temps de le faire alors que j'étais petite. C'est un souvenir d'amour que personne ne pourra jamais m'enlever. Un signe de plus : le professionnel auquel j'avais fait appel pour les portraits de mes filles eut besoin de quatre ou cinq mois pour achever le travail demandé. Les tableaux furent donc finalement livrés la veille de Noël, c'est-à-dire le jour de l'anniversaire de mon père ! Je sais que c'était sa façon d'exprimer son contentement au sujet des portraits, et que sans aucun doute c'est lui qui nous en faisait cadeau. Si je n'ai pas pu récupérer le mien, il m'a donc offert les trois de mes filles pour me consoler.

La vie devient bien plus facile quand on apprend à procéder à ce genre d'ajustements, qui vous permettent de transformer un mal en un bien. Partout, les gens sont confrontés à des difficultés : certains génèrent eux-mêmes de la souffrance, d'autres reçoivent des énergies négatives et doivent s'en arranger. Mais j'ai appris que nous sommes tous des forces de la nature, doués de cette faculté merveilleuse d'associer notre intelligence à nos émotions pour déterminer ce qui est le plus approprié pour nous. Ma recommandation est donc la suivante : tout événement affectif ou émotionnel de votre vie doit être regardé en face et abordé d'une manière ou d'une autre : ce peut être par la psychothérapie, le yoga ou le développement d'une forme de créativité, par exemple.

Cela ne signifie pas pour autant que les mauvais souvenirs vous quitteront définitivement, mais il existe des moyens de neutraliser leur pouvoir et de déplacer les énergies de la souffrance vers un résultat plus positif. Par exemple, je connais plusieurs personnes formidables dont les enfants sont morts prématurément, et qui ont créé des associations pour soutenir les autres parents vivant le même calvaire. Ils savent que cela ne ramènera pas l'enfant disparu, mais au moins peuvent-ils tenir la main d'une personne qui connaît exactement la nature et l'ampleur de leur désespoir. En discutant avec ces parents, j'ai compris que la douleur que nous portons en nous peut agir comme un véritable « cancer spirituel », que cela peut être progressivement atténué en allant à la découverte de cette souffrance, et en honorant la mémoire de la personne qui nous manque si cruellement.

Dans mon premier livre, *Nos proches ne meurent jamais*, j'ai rédigé tout un chapitre sur la mort de mon père. Je vous assure que cela a été douloureux pour moi, jusque dans mon corps. Mais j'ai compris que chaque fois que quelqu'un venait me voir pour me dire que mon histoire l'avait aidé à supporter la perte de son propre parent, et combien il pouvait comprendre l'état d'émotion que j'avais décrit, cela me permettait de remplacer un morceau de cette souffrance par un moment de joie. Pas la joie que mon père soit parti, bien entendu – je ferais n'importe quoi pour le voir revenir, si je le pouvais –, mais la joie de me dire combien il doit être heureux de voir l'aide qu'il a pu inspirer, et d'apprendre, à travers toutes ces histoires, à quel point les pères comptent pour leurs enfants. De fait, cela lui permet également de mesurer tout l'amour que je lui porte et ce qu'il représentait pour moi.

Les personnes qui décèdent se rendent soudain compte de l'importance qu'elles avaient pour leur entourage. Quand on se souvient d'elles d'une façon ou d'une autre, elles se connectent avec tous ceux que leur histoire touche encore. Pour elles, c'est un peu comme profiter des places d'honneur dans les tribunes d'une arène, et pouvoir d'un seul coup d'œil embrasser toutes les personnes affectées. Cela ne veut pas dire pour autant que ceux auxquels on ne pense pas ne touchent personne. S'ils le veulent, ils ont aussi les moyens d'entrer en contact avec les vivants. Certains trépassés ne ressentent par contre aucun besoin de contacter des étrangers, et c'est une bonne chose. Je veux juste souligner le fait que nous avons tous la possibilité de nous connecter aux autres ou non, dans la vie comme dans la mort.

Ne laissez pas le négatif prendre le pouvoir sur vous. Au lieu de quoi, apprenez à remplacer la douleur par des choses qui apaiseront votre âme. À l'instar de nos corps, nos âmes ont elles aussi besoin d'un petit check-up annuel. Ne négligez donc pas votre bien-être spirituel. Exploitez les leçons que la vie vous adresse pour vivre mieux, et soyez bon envers vous-même, car vous transmettrez ces outils de vie aux générations suivantes.

Plus jeune, j'étais bien consciente que certaines personnes de ma famille rencontraient des problèmes. Depuis, j'ai trouvé le moyen de faire au mieux pour moi et ma propre famille, afin que mes filles évoluent dans un environnement rassurant. Ne vous méprenez pas, la plupart des membres de ma famille sont des gens merveilleux – il y en a juste quelques-uns dont je me passerais facilement. Je suis sûre que vous voyez ce que je veux dire, étant donné que l'on trouve des frustrés dans chaque cercle familial. Avoir ma propre famille m'a appris ce que signifie réellement ce mot ; nous devons parfois redéfinir le bonheur, surtout quand notre enfance a été imprégnée de la vision très personnelle que quelqu'un d'autre en avait.

Je possède d'innombrables souvenirs fantastiques de mon mari et de mes filles, et je dois dire que je suis dans une position unique pour partager aussi les souvenirs des autres familles, presque comme le serait un voyeur. J'ai vu des vivants abandonnés avec tant de lourds bagages que je me demande encore comment ils pouvaient les porter. À l'inverse, j'ai vu des morts partir en léguant aux vivants des tonnes d'amour pur et d'énergie positive. J'ai la certitude que je ferai toujours le maximum pour mes enfants, non seulement parce que je les aime plus que tout, mais aussi parce que je sais que l'amour que je leur donne aujourd'hui se transformera un jour en une énergie dont elles pourront tirer un immense profit. C'est un peu comme si je leur donnais maintenant la force dans laquelle elles pourront aller puiser quand elles en auront besoin.

Voilà longtemps que j'ai pris la ferme décision de ne quitter mes enfants qu'en leur léguant toutes les bonnes choses que je pourrai rassembler au cours de ma vie. Je compatis sincèrement avec les enfants pour lesquels les parents n'investissent aucune énergie, ou pire, pour ceux qui ne reçoivent que des énergies négatives de leur part. L'enfant, qui n'y est pour rien, subit alors les conséquences des carences de ses parents dans la vie en général, et dans ses relations aux autres. Un tel enfant peut se saisir de tous ces aspects négatifs pour les transformer en une énergie positive, ou bien se laisser détruire lentement de l'intérieur.

Il faut beaucoup de force et de confiance en soi pour devenir un être accompli quand on a rencontré autant d'obstacles. Mais il reste possible, même quand on vient d'un environnement difficile, de bousculer tout cela pour devenir celui ou celle qu'on a toujours rêvé d'être. J'ai rencontré des gens qui ont vécu des enfances terribles, traumatisantes, et qui sont devenus des incarnations radieuses de ce que l'humanité peut produire de bon. Personnellement, j'ai conscience que les épreuves que j'ai rencontrées dans ma vie m'ont aidée à devenir ce que je suis aujourd'hui, et j'en suis heureuse. Mes parents ont divorcé… et alors? En grandissant, je me suis aperçue que je n'avais aucun souvenir d'eux ensemble, ce qui m'épargnait toute souffrance à ce sujet. Cette situation, au contraire, a fait de moi quelqu'un d'indépendant et avec un bon esprit critique, car j'étais au courant de ce que les mots «divorce» et «pension alimentaire» signifiaient vraiment.

Beaucoup de choses demeurent cachées aux enfants par leurs parents, ce qui pousse souvent les petits à mener leur propre enquête, et à réfléchir aux détails ou aux bribes de conversation qu'ils saisissent quand les grands les croient endormis. Ces moments de ma vie renforcèrent ma confiance en mes instincts, à mesure que je voyais les adultes dire parfois certaines choses, et en faire d'autres. Nous avons tous grandi trop vite, ou appris à la dure certaines leçons de la vie. Ce sont les frictions qui nous permettent d'évoluer: que nous tournions ensuite cela au positif ou au négatif est de notre responsabilité.

Il me semble que nombre de personnes éprouvent la sensation lointaine de posséder quelque chose de beau en elles. Nous avons tous reçu un petit talent ou une faveur particulière dans la vie, mais beaucoup pensent que personne ne l'a jamais vu en eux – malgré cette présence permanente.

Ne recherchez pas à tout prix l'approbation de votre famille, de vos voisins ou des autres parents à l'école de vos enfants. Vous n'avez de comptes à rendre qu'à vous-même, et personne ne doit vous empêcher de devenir celui que vous avez envie d'être. Évaluez plutôt vos forces et vos faiblesses. J'ai le sentiment que quelque chose nous guide de l'intérieur, et que ceux qui savent écouter ce guide vivent des existences remarquables.

Deux enfants ayant reçu la même éducation peuvent révéler des convictions et des personnalités totalement différentes. De nombreuses variables influent sur cette différence. Je crois que l'une d'entre elles est leur capacité et leur désir d'accéder à leur âme. On se laisse facilement distraire par le tumulte du monde, et il est vite arrivé de ne plus faire attention qu'à ce qui se passe dehors, au détriment de l'intérieur. Il est donc capital d'être à l'écoute de son être profond, sans quoi votre âme s'étiolera, faute d'être alimentée. Dans votre chemin de vie quotidien, pensez à prendre du temps pour vous, dans un contexte propice à l'introspection.

En ce qui me concerne, j'aime écouter du jazz, et laisser les notes de musique m'envahir. Cela m'apaise et me donne l'impression que la musique œuvre à réparer mon âme. J'appelle cela «flotter dans ma bulle»; d'autres parleront de contemplation ou de méditation. En tout cas, quel que soit le nom qu'on leur donne, ces moments sont bons pour vous. Faire l'inventaire de vos sentiments et sensations afin d'évaluer si vous êtes sur une bonne direction dans la vie est une sage initiative. La quête de votre âme vous aidera à vivre une vie meilleure, tant que vous écouterez votre vérité, sans essayer de la faire correspondre à ce que votre esprit pensant choisirait, lui, de faire.

Il m'arrive souvent de fermer les yeux pour observer ma santé intérieure. Je me visualise, depuis le sommet de la tête jusqu'au bout des pieds. Si je bute sur une quelconque partie de mon corps lors de cet exercice de visualisation, je sais que je dois aller consulter un médecin. Outre des examens réguliers, il est en effet important d'être à l'écoute de son corps pour s'assurer que le physique, le mental et le spirituel sont en harmonie. C'est un exercice particulièrement efficace pour tous ceux qui se préoccupent de leur bien-être.

Pour vous encourager à être à l'écoute de votre corps, je vais vous livrer un exemple personnel au sujet d'un rendez-vous médical. Ce rendez-vous concernait le genre de médecins que nous autres, femmes, aimons le moins voir… L'équivalent pour les hommes serait un examen de la prostate – ce qui n'est sûrement guère plus agréable ! Bien que je sois consciente de l'importance d'un petit check-up annuel, j'ai finalement annulé ce rendez-vous, juste parce que je n'avais pas envie d'y aller. Je pensais : « Si quelque chose ne va pas, je recevrai bien un signe. » Je souris en me disant que je n'étais qu'une gamine qui faisait l'école buissonnière.

Cela me pesait un peu sur la conscience, mais je me suis obstinée un moment. Quelques semaines plus tard, je suis partie à Las Vegas avec des amies pour une parenthèse de détente bien méritée. Alors que nous faisions la queue pour l'embarquement du vol retour vers Phoenix, qui croyez-vous que je vis soudain, de l'autre côté de l'allée ? Bingo, c'était le médecin que j'avais essayé d'éviter ces dernières semaines ! J'ai d'abord ri de la situation, car j'aurais difficilement pu recevoir un signe plus clair que celui-ci. Je me suis ensuite sentie inquiète : si mes guides déployaient de tels efforts pour que je voie ce médecin, c'est que quelque chose n'allait pas, et que j'avais besoin de cette consultation. Je me suis donc approchée du merveilleux Dr Trachtenberg, qui a mis au monde mes trois filles chéries, et je lui ai dit la pire stupidité qui soit : « Oh, bonjour, docteur Trachtenberg, comment allez-vous ? Cela fait plaisir de vous rencontrer, il me tarde de vous voir de nouveau. »

Pourquoi est-ce vraiment stupide ? Parce que la seule occasion que j'aurai de le revoir sera dans son cabinet, et je parie que notre prochaine rencontre ne lui inspirera aucune joie particulière. De plus, sa femme était assise près de lui, et, visiblement, elle n'apprécia guère mon enthousiasme. Ma nervosité m'a donc rendue quelque peu ridicule… Je suis sûre que les femmes comprendront et compatiront avec moi sur ce coup-là !

Toujours est-il qu'à mon retour je repris rendez-vous avec lui, et qu'il se révéla que j'avais des cellules anormales, potentiellement précancéreuses. Il fallait opérer, ce qui fut fait rapidement et avec succès. En sortant de l'intervention, encore quelque peu groggy des suites de l'anesthésie, j'ai rencontré une infirmière à qui j'ai commencé à parler de tous les morts que je voyais autour d'elle. Elle a ri en me disant que les médicaments provoquaient parfois des hallucinations chez les patients. Je l'ai laissée dire et rire, même si je savais que mes visions ne devaient rien à la prise de médicaments.

Les pendules ainsi remises à l'heure, je ne fais plus l'enfant avec mes visites médicales. J'ai bien retenu la leçon. Je vous livre telles quelles ces expériences de vie car elles sont vitales pour notre bien-être, et le léger embarras lié à la petite histoire que je viens de vous raconter n'est rien en comparaison de l'aide qu'elle peut apporter à de nombreuses personnes sur le long terme. J'essaie de transmettre cette écoute de soi-même à mes filles, en les aidant à être en phase avec ce qui est bon pour elles. C'est précisément ce que je veux dire par l'expression « passer le flambeau » : transmettre aux autres nos connaissances et nos talents. En écrivant ce chapitre, j'ai l'espoir que mes enfants, en plus de mes lecteurs, récolteront le bénéfice de ce que j'ai appris dans la vie. J'aimerais vraiment que mes livres soient des pépites de connaissance utilisables par chacun afin d'y voir plus clair dans la grande confusion que la vie sème parfois sur nos chemins.

Il existe une théorie intéressante selon laquelle nous autres, humains, avons la faculté d'attirer accidents et maladies dans notre existence. Ce n'est peut-être pas idiot. Lors de mes échanges avec l'autre côté du réel, j'ai appris que nous avons la capacité à ajuster notre énergie afin qu'elle nous soit bénéfique. Inversement, serait-il possible que nous modifiions ces énergies de manière négative, attirant ainsi à nous le cancer ou le crime ? C'est là que je bute : je suis consciente que les êtres humains sentent des choses et ont des prémonitions. Serait-il donc possible que la mauvaise interprétation d'une prédiction qui nous effraie, par exemple, « attire » le mal vers nous ? Il semble quasiment impossible de démêler les deux théories, mais je vais cependant essayer, et je vous laisserai juge.

D'après mes propres expériences de prédiction, je sais que j'ai pu repérer chez quelqu'un la partie du corps qui nécessitait d'être observée. Une fois le scanner passé, il s'est avéré que la personne en question était atteinte d'un début de cancer du sein. Elle n'avait nourri aucune inquiétude à ce sujet auparavant, pourtant la maladie était bien là. Alors, l'a-t-elle attirée, comme d'aucuns le suggèrent ? Ou est-ce juste le destin ? Et pourquoi ai-je été capable de distinguer la zone à problème et de prédire une affection au niveau de la poitrine ? Trois bonnes questions auxquelles nous devrions pouvoir répondre.

La plupart des morts que j'ai pu faire s'exprimer avaient senti leur fin arriver. Ils disent parfois même qu'ils ont toujours su qu'ils partiraient prématurément, ou qu'ils connaissaient approximativement l'âge auquel ils mourraient. Ils le sentaient, par intuition ou par des flashes leur montrant la façon dont ils allaient mourir, et cela leur faisait peur – ce que l'on peut aisément comprendre.

Nous sommes nombreux à être incapables de nous visualiser prenant de l'âge, ou même juste avec des rides et des cheveux blancs. Mais certains défunts m'ont confié qu'ils savaient qu'ils allaient mourir jeunes.

Mon amie Domini faisait partie de ces gens. Ce n'était pourtant pas une grande angoissée, bien au contraire : elle était plutôt du genre à se laisser porter par la vie sans s'en faire – ce qui fait d'elle un bon exemple. Elle avait environ dix-neuf ans quand elle mentionna pour la première fois le fait de mourir jeune. C'est à cette occasion qu'elle me fit promettre de m'occuper de sa fille s'il lui arrivait quelque chose. Elle était tout à fait sérieuse en parlant de cette mort prématurée, mais sans paraître le moins du monde effrayée par cette perspective. Quelques années plus tard, c'est moi qui lui recommandai de prendre davantage soin d'elle si elle ne voulait pas mourir trentenaire.

Je peux clairement exclure le fait que ce soit ma prédiction qui ait entraîné sa mort à l'âge de trente et un ans, car il m'est arrivé d'en faire sur la santé de personnes à qui cela a sauvé la vie. Je suis convaincue que je n'ai rien à voir avec le moment du décès d'une personne. Je ne suis qu'un outil, un intermédiaire qui peut sauver ou prévenir pour aider à intervenir en faveur de quelqu'un : tout ce que je peux faire, c'est donner les informations que je détiens, en espérant qu'elles puissent être utiles.

Je n'avais jamais vu Domini craindre la mort avant que le diagnostic de son cancer non opérable ne soit déjà posé. Ce fut aussi la première fois que je vis de la peur dans les yeux de mon amie. Je comprenais tout à fait cette peur, et je souffrais de ne pouvoir rien faire pour elle, ni lui consacrer plus de temps. J'ai la conviction que la part de Domini qui se sentait invincible s'accorda d'un coup avec celle qui savait qu'elle ne ferait pas de vieux os, le jour où le diagnostic fut établi. Mais elle n'était pas prête à partir, et la panique a commencé à l'envahir.

Hélas, il se trouve que je n'ai aucun contrôle sur le moment du décès d'une personne, sans quoi je l'utiliserais pour éliminer tous les abuseurs d'enfants – ce qui serait une bonne chose –, et je protégerais ceux qui méritent, par leurs actions, de vivre longtemps parmi nous. Mais il se peut que, ce faisant, je brise l'équilibre délicat qui nous anime sans que nous comprenions pourquoi les choses sont faites comme ceci ou comme cela. C'est pourquoi cela n'est ni de mon ressort, ni du vôtre.

Quoi qu'il en soit, j'ai reçu une grande leçon lorsque j'ai essayé de prévenir la mort de mon père en le sermonnant pour qu'il aille chez le médecin. Cette fois, j'ai appris que, en dépit de la prémonition qui me disait que mon père allait mourir à soixante-sept ans d'une crise cardiaque, je ne pouvais pas l'empêcher. J'ai compris que sa vie n'avait jamais été entre mes mains. De plus, je ne lui avais jamais parlé de mes prédictions, et je savais qu'il prenait soin de sa santé : on ne peut donc pas dire que ma prédiction ait alimenté une peur qu'il aurait eue, et qui aurait attiré la mort.

Mon père ne voulait pas mourir. Il adorait la vie, et j'avais toujours eu le sentiment qu'il s'inquiétait qu'elle ne soit pas assez longue pour lui. Je dois préciser qu'il était depuis longtemps persuadé de mourir «jeune», et qu'il combattait cette intuition en se nourrissant sainement et en faisant de l'exercice. Je pense que cela suffit à éliminer l'argument qui prétend qu'une peur soudaine et irrésistible de la mort puisse dégager une énergie suffisamment forte pour l'attirer à vous. Deux des amies de mon père m'ont confirmé qu'il leur avait confié son souci de partir trop tôt.

Il est possible que l'énergie négative générée par la crainte de la mort puisse finir par la provoquer réellement, mais alors, si tel était le chemin que votre mort devait emprunter, ce sentiment ou cette inquiétude n'auront-ils pas seulement contribué à l'accomplissement du destin ? Est-il possible qu'un sain avertissement ne nous blesse pas, mais au contraire nous sauve la vie ? La peur permanente de mourir de mon père aurait-elle pu le rendre plus attentif encore à sa santé, montrant au passage qu'il n'avait jamais cessé le combat pour vivre le plus longtemps possible ? Et s'il avait cru que le fait d'ignorer ce sentiment de mort prématurée le protégerait, se serait-il cru moins vulnérable, au risque de négliger sa santé ? Nous ne le saurons jamais, mais ce que je sais, moi, c'est qu'il n'a jamais considéré sa vie comme un acquis, qu'il a passé beaucoup de temps à me faire rire et qu'il était heureux de l'apparence que ses efforts lui permettaient de conserver. Tout cela pour pouvoir dire, comme il l'aimait : « Pas de regrets ! »

La peur de mourir dans un accident de voiture peut-elle vous encourager à boucler votre ceinture de sécurité, et vous sauver la vie à l'occasion ? La peur du crime peut-elle vous motiver à prendre des cours de *self-defence* et à être plus conscient du danger pour éviter de mourir des mains d'un inconnu ? J'ai vu la peur modifier positivement les habitudes des gens, car elle vous pousse à considérer ce que vous avez à perdre si vous ne faites pas attention à ce qui vous entoure. Comme les vaccins, la peur n'est pas agréable, mais tous deux nous sont nécessaires pour nous préserver du mal. Par contre, si vous laissez la peur envahir totalement votre vie, je suis persuadée que celle-ci finit par se manifester physiquement, en réaction à votre immersion constante dans le négatif.

La peur toute-puissante vous empêche alors littéralement de vivre, et la réaction de votre organisme sera l'abandon de votre être physique à votre effondrement spirituel. Je pense qu'il est possible d'ajuster les énergies liées à la peur en apprenant à identifier ses émotions quand elles surgissent, et en s'imprégnant de cette image : « Je vais m'emparer de ma peur et imaginer que c'est un panneau de signalisation sur la route de ma vie, qui est posé là pour m'indiquer ce que je dois faire afin d'être en sécurité et prendre soin de moi. »

La prochaine fois que vous aurez peur, essayez donc une sorte de mantra pour repousser votre angoisse. Votre mantra (ce qui vous conviendra le mieux personnellement) viendra contrer le sentiment d'impuissance que suscite la peur. Il vous donnera une sorte de matière énergétique qui supprimera l'impression de «chute libre», et la remplacera par une réaction positive qui dira à votre peur: «Je t'entends, et je vais prendre des précautions pour assurer mon bien-être.»

L'argument selon lequel nous attirons à nous ce que nous redoutons est donc un possible ingrédient de nos vies, mais je ne crois pas qu'il soit responsable de nos morts ou de nos dettes. Il y aurait beaucoup à dire sur l'action des pensées positives ou négatives dans nos existences. Peut-être attirons-nous aussi les énergies similaires, ce qui explique par exemple que certains gagnent peu d'argent, car ils ne s'entourent que de personnes qui n'avancent pas beaucoup dans leur vie.

Quand vous déployez de l'énergie, cela attire ou repousse les gens autour de vous, selon qu'ils vibrent au diapason ou non: les philosophes, par exemple, s'entourent souvent de confrères auprès desquels ils pourront s'enrichir intellectuellement. Nous sommes attirés par des personnes qui dégagent une énergie proche de la nôtre, ou par des personnalités que nous avons un jour aimées ou admirées. Quand celles-ci ne nous sont pas bénéfiques, nous nous plaçons au cœur d'un cercle vicieux potentiellement destructeur.

Pour conclure, est-il donc possible d'attirer à vous l'énergie que vous mettez vous-même dans le monde, c'est-à-dire beaucoup ou pas d'argent, amour ou solitude, mort ou vie? Eh bien, oui, je le crois. Comme je crois également important de signaler que l'énergie est toujours mouvante, et qu'à tout moment elle peut aussi bien prendre une tournure positive que se putréfier dans la stagnation. Jetez donc un coup d'œil autour de vous : êtes-vous là où vous voulez être, et entouré de gens dont vous appréciez la compagnie ? Faites l'inventaire de votre âme, en quelque sorte.

Avons-nous peur de ce qui va advenir, ou adviendra-t-il ce dont nous avons peur ? C'est l'éternelle question de la poule et de l'œuf. Je vous laisse juge de ce qui vous semble le plus juste.

6

Miroir, miroir

L'une des choses les plus fondamentales que j'aie apprises au fil de mes consultations est la suivante : notre enfance va influencer toutes les générations qui nous entourent, qu'il s'agisse des vivants ou des disparus. Il est capital d'en prendre conscience, car cela aura une répercussion aussi bien sur notre vie que sur notre mort. Les enfants sont souvent le miroir de quelqu'un de la famille, physiquement, psychologiquement, ou les deux. Les plus jeunes perçoivent et comparent aisément les similarités entre eux et les autres. Il est donc important que nous leur donnions à voir le meilleur de nous-même, afin qu'ils puissent à leur tour vivre le mieux possible. Il me semble aussi utile de les instruire de la possibilité de vivre deux ou trois existences en une seule (je reviendrai plus tard sur ce point). L'objectif de ce chapitre est donc de vous amener à réfléchir sur votre enfance. J'en ferai de même, en partageant avec vous le récit de quelques consultations, afin de vous montrer la façon dont certains enfants ont influencé leur entourage, et combien cet entourage les a également influencés.

J'essaie dans chacun de mes livres d'être sincère envers mes lecteurs, en leur parlant de ma famille et de mes amis tels qu'ils sont réellement, pour qu'ils aient des éléments authentiques sur ma vie. Je vais donc regarder derrière moi, revenir sur mon passé, afin de vous aider à en faire autant. C'est une période clé dans l'existence, celle où certains d'entre nous ont dû apprendre à réclamer de l'amour, quand d'autres savaient déjà ce qu'être vraiment aimé signifie.

Alors que j'avais quatre ans, un accident de moto se produisit sur la 32e Rue, où je vivais. Je me souviens m'en être approchée avec ma mère, et avoir ramassé une chaussure sur le bord de la route. Ma mère regardait la scène en priant pour le jeune homme gisant à terre, tandis que j'enterrai sa chaussure un peu plus loin. Je ne savais pas pourquoi, mais j'avais l'impression de lui témoigner ainsi tout mon respect.

Voici quelques années à peine, ma mère me raconta que, le jour de l'accident, nous nous trouvions devant une station-service où le jeune homme faisait le plein de sa moto. Elle me demanda si je m'en souvenais. Honnêtement, ce détail était un peu flou pour moi – j'étais si jeune alors! –, mais l'histoire me semblait familière. Ma mère m'avoua alors que le motard était mort sur le lieu de l'accident. Cela me semblait cohérent avec ce qu'il m'en restait, mais plus je me concentrais pour tenter de raviver les souvenirs de cette journée de 1976, plus la confirmation de son décès m'attristait. Je me demande encore quel instinct m'a poussée à vouloir enterrer sa chaussure. Je devais avoir le sentiment de faire quelque chose de bien pour la pauvre victime de l'accident.

Les enfants ressentent de très fortes émotions et deviennent parfois des adultes avec des défenses très au point, celles-ci leur permettant d'apprendre à dresser des murs pour se protéger – ce qui est une réaction naturelle à la déception. Ma mère se rappelle tous les détails du jour où ce jeune homme est mort, alors que je me souviens uniquement des sentiments que j'ai éprouvés ce jour-là, comme si c'était hier.

J'évoque ce souvenir car les enfants absorbent énormément de choses, des choses vitales et précieuses dans leur apprentissage de la relation affective aux autres. Leur permettre de faire l'apprentissage de la confiance qu'on leur donne, c'est leur permettre ensuite de décider s'ils vont ou non se montrer tels qu'ils sont, avec leurs failles et leurs défauts.

Ce sont justement nos failles et nos défauts qui font tout le charme de nos personnalités. Je possède ce que certains considèrent comme un défaut (un parmi tant d'autres), qui consiste à être honnête à l'extrême et très directe, parfois trop. Mais j'aime ce trait de ma personnalité ! J'aime savoir que je n'ai pas peur de me battre pour ce qui me semble juste. Prenez note de vos défauts et éliminez ceux qui vous semblent vraiment mauvais pour vous. Prenez alors conscience que ceux qui vous font sourire sont de «bons défauts», qui rehaussent votre personnalité. Et faites-les vivre au lieu de vous en excuser!

Très tôt dans mon enfance, j'ai eu le sentiment que ne rien dire pouvait empêcher les adultes de s'énerver encore plus l'un envers l'autre, voire stopper la confrontation. Je suis sûre que je ne suis pas la seule dans ce cas. Il me fallut attendre l'âge adulte pour que ma voix puisse s'exprimer de manière assurée, chose dont j'ai maintenant fait ma spécialité! Je dois désormais faire attention à ne pas exagérer en ce sens, et me rappeler les limites du raisonnable. Je crois que si nous sommes capables de garder le meilleur de ce que nous étions, enfants, il y a toutes les chances pour que nous menions une existence épanouie, devenus adultes.

Dressez une liste de ce que vous aimiez en vous lorsque vous étiez jeune, et des jours où vous vous êtes senti le plus heureux. D'aucuns diront que leur liste est courte, tant leur enfance a été malheureuse: à ceux-là, je répondrai qu'un ou deux exemples suffiront. Si vous avez toujours eu envie d'aller à Disneyland quand vous étiez petit, et que vos parents ne vous y ont jamais emmené, allez-y maintenant! Mettez-vous des oreilles de Mickey et faites tous les manèges: accordez-vous les moments que vous avez toujours désirés. De mon côté, par exemple, quand j'étais petite, j'ai toujours espéré que mes parents viendraient jouer avec moi dans la piscine. (À vrai dire, je ne suis même pas sûre que mon père ait jamais su nager, car je ne l'ai jamais vu en situation.) En tant que parent, je conçois maintenant ce désir d'enfant en jouant à toutes sortes de jeux dans la piscine avec mes filles.

Ce faisant, je crée de bons souvenirs à mes enfants tout en comblant le léger vide que je ressentais à ce niveau. Ce n'est pas que mes parents aient fait quelque chose de mal. J'ai simplement pris l'énergie contenue dans ce « Quand j'étais petite, j'aurais aimé que... » pour en faire quelque chose de positif. Ayant pu moi-même l'offrir à d'autres, et me donner au passage ce dont j'avais besoin, le désir de cette expérience en tant qu'enfant a désormais disparu. Comme chacun peut le constater dans son entourage, nous portons tous en nous l'enfant que nous avons été, et il est très gratifiant de pouvoir se donner à soi-même ce dont on avait secrètement besoin. J'insiste sur ce point. Faites une liste, vous serez étonné du bien que l'on ressent en ravivant ainsi sa jeunesse.

Quand j'étais gamine, j'adorais les céréales au petit-déjeuner, mais je n'y avais pas souvent droit. Par conséquent, lorsque cela arrivait, j'avais tendance à vouloir engouffrer tout le paquet d'un seul coup. Un jour où je me trouvais à Culver City, en Californie, un tableau attira aussitôt mon attention. L'immense huile sur toile représentait les quatre créatures illustrant mes paquets de céréales préférées, plus grandes que nature. Savez-vous ce que j'ai fait? J'ai acheté cette incroyable toile de Drizzle, qui est maintenant accrochée dans ma chambre, et me fait sourire chaque matin quand je la vois. Bien sûr, je l'ai payée à un prix d'adulte, mais la regarder me donne l'impression d'être petite fille à nouveau, ce qui me ressource beaucoup. Cela est d'autant plus important que l'exercice de mon métier provoque souvent en moi le sentiment d'être intérieurement âgée.

Mes filles aussi adorent contempler ce tableau. Elles se souviendront que leur mère a fait de la vie un grand événement, et qu'elle savait qu'il existe peu de choses qui vous procurent un réel sentiment d'apaisement. Elles se souviendront encore que je n'ai jamais flanché quand il s'agissait de leur transmettre mon amour, car tout ce qui est important pour elles est important pour moi.

Durant mon enfance, j'ai eu à affronter des sujets plus graves que d'avoir ou non mes céréales préférées au petit-déjeuner... Il y eut en effet des violences et de multiples divorces dans ma famille. J'ai également été confrontée à des problématiques de racisme du côté de la famille de mon père, où certains me surnommaient « l'oie blanche » parce que j'étais à moitié allemande alors qu'eux étaient hispaniques. À l'époque, j'étais déjà l'un des sujets de conversation préférés pour ces quelques énergumènes ; j'imagine comme ils doivent se régaler en parlant de moi aujourd'hui !

Désormais, plutôt que de focaliser sur les épreuves de mon enfance, j'ai choisi d'accueillir l'enfant que j'étais, ainsi que tout ce qui me rendait alors heureuse, car ces mêmes choses continuent de m'apporter du bonheur. Je me suis toujours dit qu'il y avait plus malheureux que moi et que chacun a sa croix à porter ; je refuse que mon enfance soit assombrie par les moments difficiles. Je me souviens de ces fois, quand j'étais petite, où je m'allongeais sur la pelouse devant la maison pour regarder les nuages, me demandant s'ils ressemblaient plus à des lapins ou à des chats. C'est le genre de bons souvenirs de l'enfance que nous conservons presque tous. Je le fais maintenant avec mes filles, et les défunts eux-mêmes évoquent souvent ce type de réminiscence lors de mes consultations.

En tant qu'adultes, nous sommes souvent responsables de beaucoup de choses, qu'il s'agisse des factures, du bien-être de nos enfants, de notre carrière, des soins médicaux pour les personnes âgées de notre famille, et de mille autres choses encore. En fin de compte, nous nous laissons tellement écraser par ces responsabilités que nous nous y perdons complètement. Je pense qu'un mariage doit être sacrément solide pour résister à ce poids tout en permettant au couple de se ressourcer.

J'ajouterai à tout cela ce que j'aime faire depuis que je suis adulte, comme sortir dîner pendant des heures avec des amis, ou embarquer avec Aurora dans un manège de montagnes russes. J'adorais ça quand j'avais onze ans, et j'y prends toujours plaisir aujourd'hui, même si je dois admettre que cela ne me fait pas le même effet que plus jeune. C'est malgré tout un vrai bonheur de voir Aurora rire à ce point. Lorsque vous vous demandez ce que vous attendez vraiment de la vie, tournez-vous vers votre enfance, et vous verrez que vous trouverez des réponses.

Maintenant que j'ai partagé un peu de mon enfance avec vous, posez-vous cette question : qu'avez-vous fait, enfant, dont le souvenir fasse briller vos yeux ? Ne vous souciez surtout pas de ce que les autres pourraient penser si vous avez envie d'aller faire du roller à l'âge de cinquante ans, ou si vous achetez une sucette à soixante-dix ! Un immense sourire illuminera alors votre visage et votre cœur. Et puis le bonheur est contagieux : j'adore voir des gens faire des activités qu'on ne pratique normalement plus à leur âge. Je m'arrête pour les regarder dans leur belle liberté, et je vois dans leurs yeux quelle personne ils devaient être à vingt ans, car leur âme se reflète à l'extérieur.

Avoir une belle apparence est une priorité pour beaucoup d'entre nous, et les médecins sont là pour nous y aider, mais j'ai remarqué – et je pense que vous serez d'accord sur ce point – que, quel que soit le nombre de printemps d'une personne, la joie qu'elle ressent la fait rayonner et la rajeunit. Il nous appartient toujours de vouloir vivre de telle ou telle façon.

J'ai évoqué le concept d'avoir deux ou trois vies en une seule, parce que je tiens à *vivre*. Je veux dire par là que je n'aspire pas seulement à avoir une belle vie de famille et à être une bonne mère : je veux aussi faire tomber des barrières dans ma profession, éprouver du plaisir à rencontrer et à fréquenter des gens intéressants, et apprendre à leur contact. Il suffit pour cela de diriger votre énergie sur les aspects de votre vie qui méritent votre temps et votre investissement, et de laisser tomber ceux qui ne rapportent rien en termes affectifs, spirituels, ou même financiers.

Ne perdez pas votre temps en vaines entreprises, et privilégiez les moments qui vont œuvrer au renforcement de votre âme. Quand vous aidez quelqu'un, ou que vous faites quelque chose d'émotionnellement gratifiant, vous renforcez celle-ci. Vous ressentez alors une profonde satisfaction intérieure qui vous porte et vous stimule : quand cela se produit, soyez sûr que vous venez de faire quelque chose qui génère une énergie positive autour de vous. Ne perdez pas un jour de votre vie dans l'amertume : montrez à ceux qui vous entourent comment ils doivent se comporter envers vous, et montrez-leur l'exemple de la façon dont il faut mener sa barque.

Je voudrais souligner qu'en dépit de mes capacités à faire certaines choses extraordinaires j'affectionne aussi les aspects communs de mon existence. L'un de ces aspects, aussi ordinaire que précieux, est le fait d'être mère de trois petites filles. J'aime beaucoup échanger avec les autres parents, surtout maintenant que la plus grande entre dans l'adolescence. Beaucoup d'entre vous savent déjà ce que c'est d'être parent, mais la différence c'est que j'ai une fille qui se met à me hurler des choses comme (je cite) : « Oui, mais toi, tu vois tout, et du coup tu ne laisses rien passer ! C'est vraiment pas juste ! »

C'est peut-être injuste, en effet, mais je remercie chaque jour Dieu de m'avoir donné des antennes pour décrypter les motivations et les semi-vérités racontées par les amies de ma fille. Il me semble que beaucoup de mamans ont une forme d'instinct pour repérer les moments où on les mène en bateau. Il fait partie de l'adolescence de tester les limites et d'essayer de voir ce que l'on peut contourner – je suis passée par là, c'est juste une étape. Pour tenter de comprendre quelqu'un « d'unique » ou « d'inhabituel », il est donc important de savoir apprécier à la fois ses forces et ses faiblesses. Et j'ai un stock illimité des deux – voilà, c'est dit, même si je n'ai jamais prétendu être parfaite.

J'ai trois filles, Aurora, Fallon et Sophia, qui ont les mêmes dons et les mêmes migraines que moi. En dehors de ces points communs, je les vois comme des merveilles de la nature, et j'ai toujours savouré chaque instant passé en leur compagnie. Depuis l'instant de leur naissance, je me suis imprégnée de leur beauté et de leur innocence. Je ne comprends pas l'aveuglement des gens qui considèrent leurs enfants comme des accessoires ou comme des fardeaux. Je pense que beaucoup de personnes partageront mon sentiment. Je me souviens d'une consultation, en particulier, avec une dame, qui est restée gravée dans ma mémoire : je n'avais jamais vu cela auparavant, et j'espère bien ne plus jamais le revoir. Je vis que son fils était décédé, et je lui dis qu'il souhaitait qu'elle sache qu'il était devenu beau. Elle eut l'air gêné et me répondit : « Mon fils était attardé. Il n'a jamais été beau. Je veux qu'on me parle de mes finances. » Elle l'avait renié de son vivant, et le reniait encore après sa mort. Choquée par ses propos, il m'était impossible de partager son opinion : son fils était très beau, avant et après son trépas. Je ne sais pas si cette femme s'est rendu compte à quel point elle était glaciale. Ce jeune homme, qui voulait juste que sa mère soit enfin fière de lui, m'a appris que les enfants valent presque toujours mieux que les adultes. Cela choquera peut-être certaines personnes, mais j'assume ce point de vue. Les enfants sont des êtres ouverts et sensibles dont les yeux sont remplis d'amour et d'espoir. Rien au monde ne saurait égaler le regard pétillant d'un enfant : on y voit briller l'étincelle de leur âme vibrante. Toute ma vie, je me souviendrai de ce garçon. Je suis réconfortée à l'idée qu'il est maintenant entouré de gens qui l'apprécient – comme vous, peut-être, ressentez maintenant de la sympathie pour lui, ce qui doit le soulager.

Les enfants nous poussent à nous dépasser sans cesse, mais le jeu en vaut la chandelle. J'aime quand une de mes filles répète une sage parole qu'elle a pu m'entendre lui dire, à elle ou à l'une de ses copines. J'aime quand elles tournent autour de moi dans la cuisine pour tenter de comprendre comment je fais de si bons repas de fête. Il y a tant à aimer dans ce que les enfants nous donnent ! J'ai toujours l'espoir que les gens comprennent qu'il n'est jamais trop tard pour apprendre à être de bons parents ou de bons grands-parents. J'ai remarqué que les enfants sont prêts à beaucoup pardonner à leurs parents, même lorsqu'ils sont grands. Il est certains moments dans la vie où nous avons le pouvoir de toucher le cœur des gens : j'espère sincèrement que mes encouragements pour que chacun vive une vie meilleure pourront aider certaines personnes à aimer plus fort.

Quand je travaille sur une affaire, chaque victime – surtout s'il s'agit d'un enfant – devient comme un membre de ma famille. Rien ne m'y oblige, c'est juste que toute victime est aussi une âme qui vaut la peine d'être connue. Je ressens les choses très personnellement en cas de meurtre ou de viol d'enfant – ce qui doit être le cas de tout le monde. Je sais que la vie que je mène peut sembler pleine d'inconvénients, mais, en m'ouvrant aux personnes blessées, je bénéficie en retour de toute leur énergie. Les moments que je passe en leur compagnie sont ceux où ils me font ce cadeau, quand leurs yeux dirigés vers moi expriment autre chose que la peur. Je sais que ceux qui ont été gravement blessés ont aussi le regard mort de l'intérieur. Qu'ils parviennent à se libérer de cette peur quand ils me regardent, ne serait-ce que l'espace d'un instant, prouve qu'il existe une confiance instinctive entre eux et moi, et je veux honorer cette confiance.

J'ai rencontré de nombreuses victimes de crimes : toutes comptent également à mes yeux. J'ai récemment fait la connaissance d'une petite fille kidnappée et violée par un étranger à l'âge de cinq ans. Jamais je n'oublierai son visage : un tel regard ne devrait pas exister dans les yeux d'un enfant.

Je ne parvenais pas à la quitter. Joe plaisanta un jour sur le fait que notre maison serait surpeuplée si j'avais eu le droit de garder tous les enfants que j'ai voulu protéger. Tout ce que je peux faire, c'est aider à mettre hors d'état de nuire les individus capables de susciter de tels états de frayeur chez des enfants – ces véritables plaies de notre société. Mon but est donc de protéger ces victimes avant qu'elles ne soient totalement victimisées, afin qu'un regard vide et hagard ne remplace jamais l'innocence qu'on devrait y voir.

On me demande souvent si je peux faire quelque chose pour empêcher un crime, lorsque j'en ai la vision avant qu'il ne se produise. Les gens qui posent cette question n'ont pas forcément conscience du fait qu'aider à coincer les criminels est déjà une façon d'empêcher de futurs crimes, car je vous assure que des victimes potentielles arpentent tranquillement les trottoirs à toute heure du jour et de la nuit. Rappelez-vous que j'ai eu l'occasion de me confronter aux cas des criminels les plus violents et les plus inhumains qui soient, et permettez-moi de vous dire qu'ils n'attendent que l'occasion de perpétrer de nouvelles atrocités. Soyons donc toujours vigilants, puisque les enfants peuvent être affectés par des adultes pour le reste de leur vie.

Il se peut qu'en abordant le sujet des enfants je suscite chez mes lecteurs l'envie de cajoler davantage les leurs, ou qu'ils fassent plus attention au gamin solitaire qui vit à côté, et que leurs enfants soient sensibilisés à être plus gentils avec lui, par exemple. C'est ainsi que l'on commence à élever son âme jusqu'à des niveaux qui peuvent atteindre le plus haut point d'humanité. Je vous assure que vous ne regretterez jamais de prendre le temps d'être attentif aux enfants qui vous entourent.

Les parents qui ont perdu des enfants doivent savoir que leurs petits trésors ont gardé en eux tous les moments de grâce partagés ensemble. Ces enfants-là s'inquiètent toujours plus de leurs parents que d'eux-mêmes, et je ne me lasse jamais de regarder les dessins qu'ils me montrent, les pièces de théâtre qu'ils aimaient jouer, ou les repas qu'ils préféraient quand ils étaient en vie. Nous sommes tous reliés, et les enfants vivants aussi bien que les disparus m'ont fait part de ce qui comptait le plus pour eux. C'est un signe fort de confiance. Je rassemble donc leurs souvenirs et leurs rires, m'enrichissant spirituellement de chacun d'eux.

7

Tout n'est que perspective

Les gens ne se rendent pas toujours compte que j'ai moi aussi mes mauvais jours, des jours d'apitoiement personnel où je me retrouve une femme comme les autres. Ces moments où l'on a tendance à se morfondre peuvent être adoucis par l'interaction d'une personne qui nous inspire et nous rappelle l'importance de savoir apprécier la vie que l'on mène.

Un jour, Joe était dans son bureau à classer des papiers, et je déprimais devant un miroir en observant les rides d'expression qui ne quittaient plus mon visage, même quand j'avais cessé de sourire. La télé était allumée, et j'entendais une femme parler. Comme je fus suffisamment interpellée par cette jeune voix pour interrompre ma séance d'autoapitoiement, je finis par me rendre dans la chambre pour découvrir de qui il s'agissait. Je découvris alors à l'écran une jeune fille de dix-sept ans dont le regard témoignait immanquablement d'une expérience que beaucoup d'adultes n'auraient jamais. Elle disait en effet avoir vécu sa vie en «avance rapide». Je m'assis sur le bord du lit et montai le volume. Elle nous livrait une histoire de courage et de joie, qui vous semblera peut-être étrange avant que je ne vous en aie donné tous les détails. En phase terminale de cancer, cette jeune fille connaissait parfaitement l'issue fatale de sa maladie. En dépit de quoi elle semblait heureuse et fière de son expérience de vie. «Comment est-ce possible?», se demanderont sûrement beaucoup d'entre vous.

Déjà très émouvant, son témoignage le devint davantage encore quand elle expliqua que l'association Fais un vœu avait pu réaliser son dernier souhait. Elle était amoureuse d'un garçon de son lycée qu'elle voulait épouser avant de mourir. L'association Fais un vœu – à mon sens l'une des associations les plus sérieuses et les plus méritantes au monde – organisa donc un vrai mariage de conte de fées à son intention. J'étais captivée par cette jeune fille, littéralement radieuse dans sa robe blanche. Elle savait incontestablement qu'elle devait profiter tout de suite de cette journée de bonheur, sans se laisser troubler par ce qui l'attendait. Ce n'était pas le genre à pleurer – «Pourquoi moi?» –, comme beaucoup d'entre nous auraient naturellement tendance à le faire: bien au contraire, elle ne parlait que de la gratitude qu'elle ressentait envers tous ceux qui la soutenaient.

Je pris soudain conscience que cette jeune fille n'aurait jamais le luxe de vivre suffisamment vieille pour se plaindre d'une chose aussi futile que les rides, comme je venais de le faire. Cette seule pensée aurait pu me suffire pour remettre les choses dans une saine perspective, mais mon esprit voulut aller plus loin. Je songeai que cette jeune fille ne pourrait jamais se plaindre que ses enfants lui tapent sur les nerfs, ou que son mari rentre trop tard du bureau. Elle ne connaîtrait pas la déception de se voir refuser le job qu'elle voulait, ni ne connaîtrait les cours du soir pour tenter de passer au niveau supérieur à l'université. Je vous le dis très simplement : quand vous n'allez pas bien, regardez un peu autour de vous pour apprendre à aller mieux.

Il m'a paru important de vous faire partager cette histoire car je sais à quel point la vie est précieuse, et il m'arrive à moi aussi de traverser des périodes difficiles. Nous sommes humains et c'est bien normal, mais en pareils moments il est aussi crucial de garder les yeux ouverts sur l'extérieur. Ce jour-là, j'ai ouvert les yeux, et il se produisit comme un ajustement de mon âme, pour qu'elle soit de nouveau bien alignée. La vie ne cesse de m'étonner : la personne qui a quelque chose à nous apprendre surgit toujours quand nous en avons le plus besoin.

Un peu plus tard, la même semaine, je suis allée dîner avec Joe et quelques amis, dont l'un se disait déprimé par son âge. Je décidai de ne pas lui ressortir le traditionnel : « Il y a pire que toi », car le moment ne s'y prêtait guère et, de toute façon, cela ne semble pas vraiment réconforter qui que ce soit – nos mères nous ont tellement rebattu les oreilles avec cette phrase qu'elle a perdu tout son impact, en dépit de sa pertinence.

Je m'adressai donc à lui de cette manière : « Sais-tu qu'il existera toujours quelqu'un qui serait heureux d'échanger sa place avec la tienne ? Je veux dire par là qu'à l'âge de cinquante ans une personne accepterait toujours avec soulagement de revenir dix ans en arrière. Et quand tu en auras soixante dix, celles de quatre-vingts te considéreront tel un jeunot. Tout est question de perspective. »

Cette simple pensée m'a permis d'ajuster ma vision des choses : vivre le moment présent, tout en faisant des projets pour le futur. Je parierais que je ne suis pas la seule à avoir été influencée par la jeune fille malade, mais j'espère pouvoir porter son message encore plus loin en rapportant ici son histoire. Un énorme merci à sa famille pour nous avoir permis de faire la connaissance d'une personnalité aussi admirable. Leur petit ange aura fait grosse impression sur les vivants lors de son passage parmi nous.

On me demande souvent pourquoi de mauvaises choses arrivent aux gens bien. Réfléchissez un moment. En l'espace d'une seule interview, l'adolescente nous a remis en place spirituellement, inspirant et encourageant d'innombrables personnes à vivre leur vie dans la gratitude et la conviction. Même s'il est utopique d'espérer que les meilleures personnes ne meurent pas, nous devons donc nous rappeler que nous possédons en nous toutes les capacités pour vivre une vie formidable, et travailler ensemble à nous développer spirituellement, ou d'une autre manière. À l'inverse, quand un être méprisable meurt, on n'y prête que peu d'attention, car ceux-là ne servent qu'à nous montrer ce qu'il ne faut *pas* faire dans la vie.

AMBRE

Pour Joe comme pour moi, il est capital de transmettre à Aurora, Fallon et Sophia les leçons que la vie nous apprend. Je m'étais sentie émue et remise à ma place par le témoignage de la jeune fille de dix-sept ans dont je vous ai parlé, et je voulais que mes filles partagent ce genre d'expérience qui fait grandir. J'avais pleinement conscience du fait que ces moments font de nous des êtres plus empathiques. En retour, cela renforce nos âmes et ouvre plus grands nos cœurs et nos esprits, ce qui est tout l'intérêt d'être les créatures sensibles que nous sommes.

L'occasion se présenta le 30 novembre 2006. J'étais chez moi à écouter l'émission de Johnjay et Rich, « Des vœux pour Noël », sur Kiss FM, au cours de laquelle les animateurs apportaient leur soutien à certaines personnes particulièrement méritantes. L'un de ces vœux s'adressait à une femme du nom de Susie et à sa fille de cinq ans, Ambre. La petite se trouvait à l'hôpital pour un traitement contre la leucémie. Après une phase de rémission, la maladie avait repris l'offensive.

Je me dressai sur mon lit pour mieux écouter. On entendait Ambre en arrière-plan, et sa petite voix m'émut soudain aux larmes. J'adore cet âge où la voix des enfants a encore des accents de bébé, assez haut perchée, même s'ils s'expriment parfaitement bien. En apprenant qu'elle allait bientôt recevoir des cadeaux qui lui faciliteraient grandement la vie, la mère se mit à pleurer. On lui offrait un an de téléphone mobile illimité afin qu'elle puisse communiquer sans compter avec ses autres enfants, restés en famille dans une autre ville. Je pense que vous comprenez combien cela est important pour une mère, alors que le simple fait de payer sa facture de téléphone était apparemment devenu un véritable problème dans son cas. Elle avait dû abandonner son travail pour se tenir auprès de sa fille vingt-quatre heures sur vingt-quatre. On lui faisait aussi cadeau de jouets pour Ambre, de vêtements pour elles deux, et de beaucoup d'autres choses encore. Quand cette mère entendit la liste des cadeaux, sa première réaction fut : « Je ne peux pas accepter, il y a sûrement quelqu'un qui en a plus besoin que moi quelque part. »

N'est-ce pas incroyable? Tant d'altruisme et d'innocence en une seule phrase ! Johnjay et Rich insistèrent jusqu'à ce qu'elle finisse par céder et accepter ses cadeaux. Je sus alors qu'il fallait que je rencontre cette femme et sa fille. Le jour même, je partis faire des courses pour cette précieuse petite fille avec mon amie Jen. J'achetai un pyjama turquoise avec de jolis petits motifs, des kits pour fabriquer des poupées, et des jeux de cartes pour aider mère et fille à passer le temps à l'hôpital. Je fis de beaux paquets-cadeaux et commençai à me préparer mentalement à cette rencontre si particulière. Je me sentais pleine d'énergie en pensant à ce moment.

Joe contacta la femme qui avait organisé l'interview à la radio, et arrangea un rendez-vous avec la famille. De mon côté, je parlai d'Ambre à Fallon et Sophia, qui se réjouirent aussi de faire sa connaissance. (Aurora ayant son entraînement de pom-pom girl, il me faudrait partager avec elle une autre « expérience qui fait grandir ». Empêcher un adolescent de faire les choses qui lui plaisent, c'est comme lui arracher une dent sans anesthésie. L'heure n'étant pas à la chirurgie dentaire, je décidai donc de remettre cet apprentissage à plus tard.) Je touchai quelques mots de la maladie d'Ambre à mes filles, afin qu'elles comprennent mieux pourquoi celle-ci se trouvait à l'hôpital. Je leur expliquai que son sang était « malade » et que les médecins lui donnaient un meilleur sang pour qu'elle aille mieux. Je ne suis pas médecin, mais je fis du mieux possible.

Le lendemain, Joe et moi avons pris les filles à la sortie de l'école pour aller ensuite à l'hôpital rendre visite à Ambre et à sa maman. Joe discuta avec Susie, qui lui expliqua qu'Ambre venait de terminer cinq heures de traitement. Personnellement, je n'arrive même pas à imaginer comment on peut supporter de voir son enfant subir pareils soins. Il faut un tel courage aux parents pour soutenir la souffrance de leur enfant, étant donné qu'ils ressentent tout ce qu'il vit. J'ai la conviction que, lorsqu'on aime quelqu'un à ce point, l'amour ressenti vous donne alors le courage nécessaire. De toute façon, il n'y a pas d'autre choix : c'est l'enfant d'abord.

Nous sommes donc arrivés à l'hôpital avec nos filles de sept et neuf ans, qui ont aussitôt repéré les ballons signalant la boutique de cadeaux. Nous avons craqué pour un renne rose en peluche et un nounours aux couleurs rieuses. Nous les imaginions très bien dans le lit de la petite Ambre. Il fallut passer les peluches sous un séchoir à air chaud pour éliminer les germes, mais les livres et autres objets n'eurent pas besoin de ce traitement – fort heureusement, car je ne pense pas que le papier y aurait survécu. Ouf !

Comme beaucoup le savent, j'ai du mal à supporter les hôpitaux. Je pris donc une profonde inspiration en m'engageant dans l'ascenseur. Mes filles piaffaient d'impatience, et je me sentais déjà fière d'elles – j'ai la chance qu'elles soient pleines de compassion. En sortant de l'ascenseur, nous étions dans le service pédiatrie. On nous accompagna dans la pièce où nous devions, Joe et moi, enfiler les tenues réglementaires, tandis que les filles se virent proposer des masques et des blouses décorées de petits personnages de Walt Disney.

Lorsque nous entrâmes dans la chambre, les bras chargés de cadeaux, le doux visage d'Ambre s'illumina. Nous ne savions trop que faire en cet instant, à part lui rendre son sourire. Je vis que la petite avait perdu ses cheveux en raison de la radiothérapie, et que sa mère avait rasé les siens pour ne pas faire de différence avec sa fille. Le médecin avait dû préventivement arracher des dents à Ambre afin qu'elle ne risque pas d'avaler les dents de lait qu'elle pouvait perdre. Malgré tout, c'était une adorable petite fille aux yeux noisette très vifs.

J'embrassai Susie, qui me dit qu'elle n'arrivait pas à croire que nous allions venir, et combien elle était heureuse de notre présence. Je pris Ambre dans mes bras, et nous l'avons ensuite regardée ouvrir tous ses cadeaux. Susie étant fan de la série *Medium*, je lui offris un DVD dédicacé de la saison une. Nous passâmes un bon moment avec la mère et sa fille, avant de prendre congé pour qu'Ambre puisse se reposer. Je lui dis que je prendrais régulièrement de ses nouvelles, et elle sembla particulièrement se réjouir à l'idée que mes filles reviennent la voir. Je suis sûre qu'il est bon de rencontrer des habitants de la planète Bouts-de-choux quand on ne voit que des adultes à longueur de journée ! L'esprit de Noël était bien là : Ambre avait adoré ses jouets, et Susie semblait également heureuse de ses cadeaux. Elle tenta bien de refuser nos dons en argent, mais je ne l'entendais pas ainsi, remportant finalement la bataille.

La présence d'Ambre et de sa mère nous mit tous de bonne humeur. L'énergie dégagée par des personnes traversant de telles difficultés, et qui ont encore la force spirituelle de stimuler leur entourage, en dit long sur leur âme. Nous les avons quittées le cœur comblé, un peu fatigués mais persuadés de les retrouver bientôt.

C'est initialement par la voix d'une petite fille, qui m'avait rappelé celle des miennes, que j'ai été amenée à vivre et à vous faire part de cette histoire. Je pense que cela démontre bien comment les êtres humains peuvent se sentir reliés à une autre personne par le simple son d'une voix. Je me sentirai toujours connectée à Ambre, qui a depuis lors une place permanente dans le cœur de notre famille.

Beaucoup de gens sont touchés par d'autres sans jamais leur dire combien ils les ont aidés à enrichir leur existence. Ils pensent avoir tout le temps pour cela, mais ils oublient, d'une part, que ce temps ne nous est pas toujours donné, et, d'autre part, que la personne qui nous a émus a peut-être vraiment besoin de savoir que vous l'avez appréciée, ou que vous avez reconnu ses efforts. Laissez les autres se connecter à vous : il y a tant d'amour à échanger, et tant de mots à se dire !

À l'inverse, ne laissez pas ceux qui font de mauvaises choses devenir le centre de votre attention. Si j'ai la conviction que la plupart des gens sont bons, je n'oublie pas qu'ils peuvent aussi parfois avoir des comportements négatifs, car nous avons tous une part de lumière et une d'ombre, qui ne peuvent être séparées. Comme le dit ironiquement le proverbe, je sais que « toute bonne action trouve toujours sa punition », mais c'est le risque que nous prenons pour avoir une chance de faire de belles choses. Et je pense sincèrement que, d'une manière ou d'une autre, nos erreurs finiront par se muer en bien. Les personnes malintentionnées n'ont rien à perdre et pratiquement rien à gagner. Celles bien intentionnées sont prêtes à offrir leur temps, leur cœur, parfois leur argent, mais elles ont au contraire tout à gagner – bien plus que ce qu'elles pourraient perdre, car on ne leur enlèvera jamais leur âme, ni les souvenirs positifs qu'elles ont générés autour d'elles.

Ceux qui ne se soucient ni des malades ni des mourants se sont déjà perdus eux-mêmes. Je ne veux pas dire par là qu'ils devraient essayer de sauver le monde entier, mais une gentille attention ou une simple prière pour ceux qui sont dans le besoin suffit déjà à accomplir des merveilles. Ambre m'a aidée à montrer à mes filles que nous avons besoin les uns des autres, et qu'être présent pour autrui nous relie profondément. Cela ouvre aussi les yeux, et le cœur par la même occasion, ce qui aide à devenir quelqu'un de bien en grandissant. Merci donc de tout cœur à Ambre et à Susie pour nous avoir ouvert les portes de leur existence.

Un mois plus tard, nous avons eu une preuve supplémentaire de l'influence que cette petite fille avait eue sur beaucoup de gens. J'avais accepté d'accompagner Johnjay et Rich à Tucson, à l'occasion de leur collecte de fonds pour Noël. Nous nous tenions régulièrement au courant de l'état de santé de la petite Ambre qui venait juste de subir une greffe de moelle osseuse. Le moment était décisif : soit la greffe prenait, et elle serait guérie, soit c'était un échec, et elle allait mourir. Il n'y aurait pas de juste milieu.

Après plusieurs heures de dédicaces et de conversations sympathiques, Joe et moi faisions une petite pause dans cette journée de collecte, lorsque son téléphone sonna. C'était Susie. Confiant à Joe qu'Ambre n'allait pas très bien, elle nous demanda de prier pour elle. Cela me bouleversa d'autant plus que nous nous trouvions à Tucson pour récolter des fonds dans le cadre de l'émission « Des vœux pour Noël », celle précisément où j'avais pour la première fois entendu la petite voix d'Ambre. Nous nous étions tellement attachés à elle en si peu de temps, et sa mère nous donnait maintenant les nouvelles les plus désastreuses que l'on pouvait attendre.

Nous sommes malgré tout revenus en piste pour continuer la collecte. Et quand Johnjay et Rich annoncèrent la fin des douze heures d'animation, je fis une annonce : je demandai au public de prier pour Ambre. De prier pour qu'elle ait suffisamment de force et de protection pour s'en sortir. Je suis convaincue que les prières – surtout les prières collectives – constituent une énergie supérieure qui peut se révéler très puissante quand elle est dirigée vers une même cause. J'avais l'espoir que si suffisamment d'entre nous se mobilisaient pour elle, nous pourrions peut-être ramener Ambre du côté de la vie. Ma voix tremblait au moment d'encourager les gens à faire le plus important « vœu de Noël » de cette soirée ; je voulais à tout prix donner à Ambre la meilleure chance de remporter cette bataille, et qu'elle sache combien elle comptait pour nous.

Je me trouvais dans le studio en compagnie de Johnjay et Rich, entourée de casques, de micros et de grandes baies vitrées qui me donnaient l'impression d'être un poisson dans un aquarium. Mais j'avais beau essayer de me ressaisir, l'émotion s'emparait de moi dès que j'apercevais les yeux mouillés de larmes de l'assemblée. Les gens priaient, les mères étreignaient leurs enfants : à ce moment-là, Ambre était aimée par des dizaines de milliers de personnes. Ce moment intense et bouleversant représentait l'apogée de la compassion.

Peu après, Joe et moi sommes allés prendre un verre près de là, avec notre ami Randy. Je me sentais émotionnellement vidée. C'était un pub irlandais style années 1960, que je ne connaissais pas du tout et qui me plut immédiatement. Décidant de lancer une chanson dans le juke-box, quelque chose me poussa vers Willie Nelson. Je parcourus rapidement les titres et repérai soudain une chanson que je décidai d'adresser à Ambre. Je n'avais jamais entendu cette chanson auparavant, mais son titre était « Angel Flying Too Close to the Ground » (L'ange qui volait trop près du sol). En écoutant les paroles, je me mis à espérer que la prière collective ait suffi à changer la direction du vent qui portait ce petit ange. Je baissai la tête et priai de toutes mes forces.

Nous sommes régulièrement restés en contact avec Susie pour suivre l'évolution de la maladie d'Ambre : quelques semaines plus tard, on nous apprit que son état s'était amélioré et stabilisé, ce qui permettait aux médecins d'être raisonnablement optimistes pour la suite. Je crois fermement que les prières ont contribué à ce résultat, et que tous les inconnus qui ont prié pour elle comme pour leur propre enfant ce soir-là l'ont aidée à se redresser. Aux dernières nouvelles, Ambre se portait bien.

L'autre côté du réel m'a toujours rappelé que des miracles se produisent bel et bien, que les enfants sont parfois nos anges sur cette Terre et qu'ils nous apprennent à prendre soin des autres plus que de nous-même.

Pour parler des aléas de la vie et de l'importance de vivre chaque jour pleinement sur une note plus légère, je voudrais maintenant partager avec vous quelques expériences amusantes vécues cette année. Mes lecteurs savent que je tiens une liste des « choses à faire avant de mourir », sur laquelle je raye chaque année plusieurs lignes, une fois ces choses accomplies. Je vais vous en faire part afin de vous encourager à établir votre propre liste, et pour rappeler que même les petits instants de vie notés sur votre liste ont leur importance : tout ce qui vous fait vibrer compte énormément.

L'un de mes moments préférés s'est déroulé à l'occasion d'un voyage à Denver, où nous nous rendions pour le mariage de nos amis Andrea et Dustin. Joe et moi étions en compagnie de mon assistante et amie Jen, et de son mari Aaron. Nous avions rendez-vous avec deux autres de nos amis pour ce mariage. Peut-être certains d'entre vous les connaissent-ils : il s'agit d'Adrianne Curry, gagnante lors de l'élection au concours « America's Next Top Model », et de Chris Knight, alias Peter Brady dans la série *The Brady Bunch*, qui apparaît aussi dans leur émission de téléréalité « My Fair Brady » sur VH-1. Deux personnes formidables avec lesquelles nous sommes devenus très amis.

Nous nous étions arrêtés dans un bel hôtel à Colorado Springs, où nous passions un fort agréable moment à faire les fous tels des gamins. Nous revenions des soirées d'enterrement des vies de jeune fille et de garçon d'Andrea et de Dustin, la veille de leur mariage. De retour à notre hôtel, nous voulions tous prendre un dernier verre avant une bonne nuit de sommeil, mais j'avais aussi très envie de faire un peu de lèche-vitrines devant le magasin de souvenirs. En m'approchant, je remarquai deux jeunes mariés occupés à faire des photos devant le hall d'entrée.

Ceux qui ont lu mes précédents livres savent que je peux être une vraie gamine lorsque l'occasion se présente. Et sur ma liste de choses à faire, certaines sont très sérieuses… et d'autres beaucoup moins ! Cette situation me rapprochait clairement de l'un de mes « beaucoup moins » : j'ai ainsi toujours rêvé de m'immiscer dans un mariage où je n'étais pas invitée. Oui, je sais, c'est totalement immature, mais que voulez-vous, si l'on se prend trop au sérieux, ce n'est même pas la peine de vivre ! Je souris d'autant plus en apercevant un panneau devant la réception, sur lequel était écrit « Mariage Knight ». Quelle coïncidence ! J'étais justement accompagnée de mon ami Chris Knight. Joe me regarda bizarrement et me demanda : « Allison, peux-tu me dire ce que tu manigances ? »

Mon excitation prenant le dessus, je me dirigeai vers le couple pour leur dire que j'avais un ami du même nom qu'eux dans cet hôtel. Après tout, qu'avais-je à perdre ? Je n'avais jamais mis les pieds dans cet hôtel auparavant, ni même à Colorado Springs… C'était le moment ou jamais ! Le couple sembla très surpris, tandis que je me disais que la présence de Chris et d'Adrianne ferait certainement à ces jeunes mariés un merveilleux souvenir à raconter à leurs petits-enfants.

Eh bien, je l'ai fait ! J'ai utilisé la clé magique de leurs noms, sachant parfaitement que toute personne n'ayant pas passé sa vie au fond d'une grotte connaissait forcément l'idole des jeunes des années 1970, Christopher Knight, alias Peter Brady. Ils se montrèrent d'abord dubitatifs, craignant une mauvaise blague. Tenant à conclure mon affaire, je leur demandai de m'attendre quelques secondes, le temps d'aller chercher mes amis. Chris n'était guère enthousiaste, mais Adrianne se montra réceptive à l'idée de leur offrir une belle anecdote de mariage pour le reste de leur vie.

Une fois arrivés devant eux, ils firent des yeux ronds comme des billes, et je crus que leurs mâchoires allaient se décrocher. Adrianne et Chris eurent la gentillesse de poser avec eux sur les photos de mariage. Pendant ce temps, Joe et moi sommes allés danser dans la grande salle de réception. J'ai même trempé une belle fraise dans les flots de la fontaine à chocolat! Ce fut un moment mémorable pour moi comme pour ce jeune couple, qui avait finalement réussi à persuader Chris et Adrianne de se joindre aux convives de la soirée. Je m'amusais, souriant et narguant Chris qui me foudroyait du regard entre deux plaisanteries échangées avec les mariés et leurs familles – des gens fort sympathiques. La danse me permit d'apprécier pleinement ce moment, mais Joe et moi avons aussi pris le temps de discuter avec plusieurs invités impressionnés par le charme et le charisme de Chris, ainsi que par la beauté et la spontanéité d'Adrianne. Comme nous étions heureux d'avoir des amis aussi généreux! À un moment, Chris menaça de révéler qui Joe et moi étions, mais j'agitai mon doigt sous son nez en lui ordonnant de ne pas faire le vilain. Ce ne sont peut-être pas exactement les mots que j'ai employés, mais le ton de la plaisanterie vous donne une idée du climat qui régnait. Alors voilà, surprise! Ceux qui l'ignoraient ce soir-là doivent maintenant savoir qui nous étions.

Nous nous sommes finalement éclipsés pour prendre ce fameux dernier verre, et j'ai chaudement remercié Chris et Adrianne de m'avoir aidée à rayer une des lignes préférées de ma liste des défis à relever. Cela faisait des années que je voulais m'inviter dans un mariage, et je me sentais comblée par cet accomplissement. Nous étions arrivés en fin de soirée, alors que les deux tiers des invités étaient déjà partis. Le jeune couple a bien fait de prendre des photos de ce moment inoubliable, sans quoi on ne les aurait probablement pas crus ! (On m'a dit que ces photos se sont retrouvées sur Internet, ce dont on ne peut leur en vouloir !)

Quoi qu'il en soit, rappelez-vous que chacun a une liste différente de celle de son voisin, et c'est une bonne chose, car la diversité rend la vie plus intéressante. Peut-être aimeriez-vous apprendre une langue étrangère, ou à jouer d'un instrument de musique qui vous fait envie depuis longtemps. Pour d'autres, ce sera de dévaler une pente recouverte de trèfles en Irlande… Non, attendez, ça, c'est sur *ma* liste !

Les gens me font souvent part de ce qu'ils mettent dans leur liste, et je suis heureuse de voir grandir le nombre de personnes désireuses de vivre pleinement leur existence. Ceux-là ont compris que la vie n'est pas une répétition générale. Nous sommes nombreux à courir le risque d'être piégés par ce que les autres attendent de nous, au point de nous rendre malheureux. Certains ne comprendront peut-être pas pourquoi s'immiscer dans un mariage m'a tellement amusée, mais j'ai vraiment adoré cela. Et vous, qu'est-ce qui vous fait envie ? À quand remonte votre dernier fou rire ? N'hésitez pas à être différent, et, plus que tout, soyez heureux de la vie que vous menez et de la façon dont vous utilisez votre temps.

Le jour qui a suivi le mariage des Knight, j'ai assisté à un autre mariage – auquel j'étais cette fois vraiment invitée –, celui de nos amis Andrea et Dustin. Ce fut une cérémonie de toute beauté, réussie en tous points. Merci à ces deux couples de nous avoir permis, à Joe et moi, de partager ce jour unique avec vous. Je suis une incurable romantique, et les noces sont toujours pour moi le comble de la romance. Comme le disait toujours mon père : « Vivez votre vie en grand sans vous excuser de qui vous êtes ! » Voilà un bon conseil pour vous inspirer à dresser votre liste des choses à faire pendant votre vie. Si vous avez l'impression de ne pas vous épanouir, prenez du recul sur la manière dont vous avez occupé vos journées jusqu'ici, puis décidez de ce que vous allez mettre en œuvre pour que le reste de votre parcours soit inoubliable.

Nos chers disparus me relatent souvent le jour de leur mariage comme le plus beau de leur existence, et cela même si le couple n'a pas duré. J'y vois une preuve que nos vies sont parsemées d'événements aléatoires qui n'ont pas à être jugés comme un tout, mais simplement jour après jour. Certains jours de votre vie auront forcément été plus heureux que d'autres, cependant le simple fait d'avoir vécu ces belles choses est déjà une bénédiction. Quand ils reviennent, les morts ne viennent pas se plaindre des périodes difficiles. Ils reviennent la joie au cœur, pleins de reconnaissance au souvenir des bons moments. Et je le comprends.

8

AFFRONTER LA PERTE D'UN PROCHE, APPRENDRE À SE RECONNECTER AVEC LES MORTS

QU'AI-JE APPRIS DEPUIS LA MORT DE MON PÈRE ?

On me demande parfois comment j'ai pu surmonter la perte de mon père. En effet, tous ceux qui ont perdu un parent savent à quel point l'épreuve peut nous mettre à mal. Voici quatre ans, une crise cardiaque l'emportait, et il m'arrive encore de lui téléphoner en espérant qu'il décroche. J'ai beau savoir que c'est impossible, cela me fait du bien de composer son numéro. Je ne peux certes pas le ramener, mais « l'enfant de ses parents » qui est en chacun de nous comprendra que c'est en quête de moi-même que je me mets, à travers lui. Mes yeux, mon rire, une petite blague, tout me rappelle son souvenir, et cela me plaît beaucoup. « Hurt », la chanson de Christina Aguilera, raconte bien le sentiment ressenti par la plupart des gens qui viennent de perdre un proche : « Si j'avais juste un vœu à faire, je te dirais combien tu me manques depuis que tu es parti. » Eh bien, nous pouvons le leur dire, car ils peuvent nous entendre, et, plus que tout, ils se soucient de nous.

De là où ils sont, tous les parents décédés nous entendent et nous sentent. Je souhaite que tous ceux qui ont perdu un proche intègrent bien ce phénomène. Celui qui a déjà subi ce deuil, ou qui le vivra, comprendra ce que cette disparition a d'unique. Nos parents ont été les premiers à nous prendre dans leurs bras lorsque nous sommes nés, les premiers à nous aimer, et que nous avons aimés à notre tour. Le décès de l'un de nos parents nous ramène souvent à notre enfance, avec l'impression d'être un gamin de cinq ans qui vient de perdre sa mère dans un grand magasin, dans une sorte de panique. Puis vous la retrouviez, et tout se remettait en ordre.

La mort n'est finalement pas si différente. À la disparition d'un parent, la panique frappe tandis qu'une boule s'installe dans votre ventre. Il faudra juste attendre un peu plus longtemps pour le retrouver, mais cela viendra.

En tant qu'enfants, et ce quel que soit notre âge, nous avons une tendance naturelle à nous sentir responsables de leur disparition. « J'aurais pu, j'aurais dû… » Tout cela ne vous aidera pas à comprendre pourquoi l'heure avait sonné pour cet être cher. Respirez alors profondément et expirez à fond pour évacuer physiquement la culpabilité hors de vous. Quoi que nous ayons pu accomplir, certains d'entre nous ne pourront jamais combler le vide laissé par « l'être suprême » de notre vie. On ne peut remplir un puits sans fond avec des honneurs ou de l'argent, il ne faut même pas essayer. Après la mort de mon père, je me souviens avoir dit à Joe : « Quelles que soient les choses que j'accomplisse ou les succès à venir, je ne pourrai jamais ramener mon père. »

J'ai une théorie à ce sujet. Bien souvent, dans l'enfance, on nous inculque que si nous nous comportons bien, nous serons récompensés, que nos parents nous combleront d'amour et seront fiers de notre réussite. Or, quand nous perdons quelqu'un pour toujours, nous retournons souvent à l'état émotionnel d'un enfant. Notre besoin de nous retrouver avec ceux que nous aimons et avons perdus nous pousse alors à essayer de trop bien faire, dans le fol espoir qu'une puissance supérieure nous récompensera en nous rendant l'amour de l'être chéri.

J'ai vu beaucoup de personnes pour qui la douleur de la perte d'un proche s'est révélée un incroyable moteur, et qui ont bâti des empires financiers à partir de cette souffrance. L'avantage, c'est ici que l'utilisation positive de l'énergie de cette peine a entraîné la création de quelque chose qui n'aurait jamais vu le jour dans d'autres conditions. L'inconvénient, c'est que la personne qui a bâti cet empire sur une douleur ne peut pas réellement faire son deuil, ce qui l'empêche de se reconnecter avec l'être aimé disparu.

J'ai la volonté d'aider ces gens, tout d'abord pour qu'ils reconnaissent entretenir ainsi leur souffrance, et ensuite en leur donnant des clés pour les aider à dépasser cet état de fait. Pourquoi faut-il le dépasser? Parce que la douleur gardée à l'intérieur peut aussi se manifester sous d'autres formes, comme une maladie grave, et qu'elle risque de vous dépouiller du reste de votre existence. On peut porter une somme raisonnable de souffrance en soi sans que celle-ci prenne pour autant les rênes de notre vie.

Je vais endosser le rôle du cobaye. Les moments passés avec mon père, quand il jouait avec mes enfants, par exemple, me manquent encore beaucoup, mais je sais qu'il veille sur eux de là où il est. Certes, je ne peux plus le prendre dans mes bras, néanmoins je me souviens de ses étreintes, ce qui me nourrit affectivement. C'est une façon saine que j'ai trouvée pour atténuer la souffrance de sa mort, et qui est applicable par quiconque en réfléchissant à son propre contexte.

Plus je me livre à ce type d'exercice, plus je sens que cette douleur – potentiellement capable de dévorer quelqu'un de l'intérieur – s'évapore de mon corps. Quand j'éprouve la nostalgie des séances de cinéma avec mon père, j'emmène mes filles dans la salle où lui et moi allions quand j'étais petite. Je prends un gros cornet de pop-corn avec supplément beurre, comme il le faisait avec moi. Je m'assois avec mes filles et nous évoquons en riant les souvenirs de papy Mike, qui était vraiment drôle.

Peu après avoir écrit cette phrase sur le cinéma où mon père et moi nous rendions, j'ai reçu une invitation à une soirée de gala. Lors de cette fête, j'ai rencontré un homme nommé Dan Harkins, dont le père était le propriétaire de la chaîne des cinémas Harkins, y compris celui que je fréquentais avec mon père – qui est aussi celui auquel Joe et les filles sont fidèles. Je lui ai fait part des fabuleux souvenirs accumulés autour de mon père dans les cinémas gérés par sa famille, et l'en remerciai. Quand je lui ai précisé lequel était notre préféré, il a marqué un léger silence avant de dire : « Vous savez, on ne le crie pas sur les toits, mais celui-ci va bientôt fermer. » Je me sentis attristée à l'idée qu'un endroit de plus parmi tous ceux où mon père m'emmenait allait encore disparaître. Dan Harkins me demanda si ma famille et moi aimerions venir à une séance ce week-end, et je sus que je ne devais pas manquer pareille occasion – qui serait sans doute la dernière. Les portes de ce cinéma se refermèrent en effet définitivement trois jours après notre dernière venue. Dan nous proposa d'organiser une petite visite du lieu afin que je puisse lui faire mes adieux, ce que j'acceptai avec gratitude.

Nous avons par conséquent décidé de nous y rendre le samedi, jour où mon père aimait m'enlever à ma mère pour aller voir un film ensemble, quand j'étais enfant. Nous avons laissé Fallon choisir le film, et c'est *Bienvenue chez les Robinson* qui remporta son suffrage. Nous nous sommes bien assurés que notre pop-corn était avec supplément beurre avant de prendre place. En regardant les visages radieux de mes filles, je me mis à imaginer que mon père avait dû en faire autant avec moi, s'imprégnant de la luminosité que les enfants dégagent lorsqu'ils sont heureux.

Les pubs et autres bandes-annonces commencèrent, et nous eûmes l'agréable surprise de voir un bon vieux Mickey Mouse – vous savez, ces petits dessins animés de trois minutes que l'on ne voit presque plus jamais avant les longs-métrages, mais qui étaient de coutume auparavant. Jetant un coup d'œil aux chiffres romains en bas de l'écran, je constatai qu'il datait de 1983 – en plein dans mes années fastes avec mon père dans ce cinéma ! Je savais bien que je l'avais déjà vu avec lui. Le film d'animation débuta ; il s'agissait du parcours d'un jeune garçon pour surmonter son passé et s'ouvrir sur l'avenir. Il apprenait aussi qu'être différent des autres est une bonne chose, car c'est ce qui fait de vous la personne que vous êtes. C'était très touchant. Un de mes personnages préférés était une sorte de grenouille-gangster du nom de Franky, qui me rappela une image affichée dans le bureau de mon père voici bien longtemps. Je pensai donc fort à lui et ris aux éclats pendant cette partie du film.

À la fin, le garçon devait choisir entre vivre dans le passé ou aller de l'avant, et lorsque les mots « continue d'avancer » apparurent sur l'écran, j'eus l'impression que mon père s'adressait directement à moi. Nous sommes restés quelques minutes de plus, et j'ai pris des photos de Joe et des filles dans leurs fauteuils de cinéma. Je profitai pleinement de ces derniers moments d'adieu à une part de mon enfance et de celle de mes filles. Je suis vraiment heureuse que ce cinéma ait existé suffisamment longtemps pour qu'elles aient eu le temps d'y créer leurs propres souvenirs.

Je suis persuadée que c'est mon père qui a fait en sorte que je sois présente lors de la soirée où j'ai rencontré Dan. Il s'avéra d'ailleurs que Dan et sa femme étaient venus en voyant mon nom sur la liste des invités, dans l'espoir de faire ma connaissance. N'est-ce pas flatteur? Le timing était serré: une semaine plus tard, et je serais passée à côté de l'événement, ce qui m'aurait consternée. Une semaine plus tôt, et l'annonce n'aurait pas eu le même retentissement en moi. Mon père a mis au point une série de petits arrangements afin que je puisse dire au revoir à un lieu qui me tenait à cœur, et pour me permettre de continuer à aller de l'avant plutôt que de ressasser les souvenirs du passé.

J'enseigne aussi bien à mes filles la façon de vivre un deuil que celle de se reconnecter avec leur grand-père. C'est l'exemple typique de ce que je veux dire lorsque j'utilise l'expression «passer le flambeau». Je leur passe les outils qui les aideront au cours de leur vie, et qu'elles passeront à leur tour à leurs enfants, des outils qui leur seront aussi utiles lorsque Joe et moi mourrons. Je leur montre combien notre être physique et notre être spirituel s'influencent mutuellement de façon très directe.

Après les exercices de notre optimiste papy Mike, nous faisons l'inventaire de ce que nous ressentons en nous mettant à l'écoute de nous-mêmes. C'est une excellente façon d'aider les enfants à vivre un deuil. Votre participation à l'exercice permet de renforcer les liens entre vous et vos enfants, comme avec les disparus : c'est donc tout bénéfice. Il est important de montrer aux enfants que l'on a le droit de parler des morts, et même de s'adresser à eux. Mettons-les à l'aise : ils doivent savoir que les questions de vie et de mort peuvent être sereinement abordées à la maison. Vous serez surpris de ce que vos enfants pourront vous dire une fois qu'ils se sentiront en confiance, au-delà de leurs simples rêves ou de leurs rencontres avec des esprits.

Ceux d'entre nous qui souhaitent passer davantage de temps avec leurs chers disparus n'ont qu'à regarder dans un miroir : ils y sont toujours présents. Mais comment voir à travers les larmes ? Il faut pour cela ajuster sa perception de la mort et apprendre à rester connecté à ceux que nous aimons. La plupart des gens ne peuvent pas voir les trépassés avec leurs yeux ; ils ont par conséquent appris à le faire avec leur âme. Plus précisément, il faut apprendre à se connecter à eux grâce à des énergies comme les souvenirs que vous avez d'eux, et tout particulièrement les chansons. Quand vous appuyez sur un bouton pour sélectionner une chanson bien précise, vous mettez votre énergie dans une pression qui va, d'une certaine manière, vous rapprocher du défunt bien-aimé que vous interpellez. La musique déclenche des souvenirs dans le cerveau, et, ce faisant, ressuscite ce que vous ressentiez à l'époque où vous écoutiez cette chanson. Les chansons que vous avez aimées ensemble vous mettent sur la même «longueur d'ondes» que la personne qui vous manque. La musique apaise l'âme de nombreuses façons, et constitue un moyen privilégié de se reconnecter avec ceux que l'on aime. Ses vibrations semblent être perçues aussi bien par les vivants que par ceux qui reviennent.

Lorsque vous ressentez de fortes émotions envers la personne décédée, celle-ci a connaissance de votre attention, même s'il ne s'agit que de souvenirs, et se retrouve de fait attirée vers vous. Se connecter à l'âme d'un être cher est un sentiment puissant. Cela est vrai dans la vie comme dans la mort ; seul le mode de connexion des deux énergies en présence doit alors être redéfini.

Il faut de la pratique et de l'exercice pour s'habituer à utiliser cette partie de soi-même. La chose est plus aisée pour ceux qui ont toujours été intéressés par la compréhension de leur être intime, et qui ont un bon équilibre spirituel. Si les choses ne viennent pas facilement, n'abandonnez pas pour autant, et poursuivez vos efforts. J'ai beau être médium moi-même, il aura fallu que je perde mon père pour être capable d'atteindre ce qu'il y avait au plus profond de moi. Cela n'est pas toujours facile, mais j'avais un grand besoin de me connecter avec lui, sur son terrain énergétique.

La douleur est un facteur de motivation qui vous pousse à remettre en cause votre système de croyance, et à reconsidérer qui vous êtes et ce qui vous importe le plus dans la vie. Les personnes qui refusent d'accueillir cette réaction naturelle à la mort se renferment souvent affectivement, au point de s'isoler et de se déconnecter des autres. D'une certaine façon, on peut dire qu'ils meurent intérieurement, mais il est crucial qu'ils finissent par décider de revenir à la vie. Il est important pour le bien-être physique de laisser l'âme faire son chemin avec cette douleur, car l'esprit, le corps et l'âme doivent tous être entraînés de la même manière. Une fois ces conditions réunies, vous serez beaucoup plus accessibles pour ceux qui sont « de l'autre côté », et vous verrez comme votre vie reprendra du sens.

Le moindre déséquilibre dans une personne a des répercussions à tous les niveaux de sa vie. Vous essayez d'équilibrer votre esprit, votre corps et tous les aspects de votre existence, qu'il s'agisse de votre carrière, de votre vie familiale ou de vos petits plaisirs personnels. Tout ce qui vous semble important pour votre bonheur se fera jour naturellement, dans la plus grande clarté. Mais les zones d'ombre ont également leur utilité : les moments difficiles nous forcent à apprendre plus vite. Simplement, si vous prenez conscience que c'est vous qui avez créé le drame de votre vie, attelez-vous rapidement à briser ce cycle. La vie est bien plus facile quand on en prend soi-même les rênes.

J'ai évoqué la connexion avec l'énergie de ceux qui ont disparu, et notre besoin d'apprendre de leurs erreurs et de leurs succès pour vivre pleinement notre existence. Je voudrais également vous aider à comprendre que le flambeau spirituel qu'ils tendent n'est pas fait pour nous soutenir dans la quête de biens matériels, mais pour nous faire avancer dans les domaines qui comptent réellement dans la vie. Il est vrai que nos réalisations passent parfois par l'argent, et c'est normal. Cependant, ce n'est pas ce qui motive ceux que nous avons aimés à nous transmettre leur force, car cela n'a plus la moindre importance pour eux. Il y a des moments où nous avons du mal à payer nos factures. De nombreuses personnes ont alors fait l'expérience de l'arrivée d'un chèque ou d'un remboursement du montant qu'il leur fallait, au moment où il le fallait. Nos chers disparus ressentent le stress qui nous atteint, et bien souvent ils font le nécessaire pour que nous ayons ce qu'il faut quand nous en avons le plus besoin. Mais, une fois de plus, ce n'est pas l'argent qui leur importe : c'est seulement notre bien-être.

Nos proches décédés nous aident de différentes façons, et tout particulièrement en ce qui concerne la famille. Si votre but ultime est d'être le meilleur parent possible, ils viennent à vous et aiguisent la finesse de votre perception envers vos enfants. Les âmes étant faites d'énergie, il ne leur est par conséquent pas compliqué d'aiguiser la nôtre, ou de nous rasséréner avec une vague de compréhension lorsque nous nous retrouvons à bout de patience envers notre progéniture. Nous avons tous rencontré des personnes à l'énergie apaisante. Eh bien, même quand le corps n'est plus là, cette âme conserve ses capacités à apaiser les autres. Les traits d'une personnalité ne disparaissent pas avec notre enveloppe. Notre humour, nos sarcasmes, notre douceur ou tout autre trait marqué de notre personnalité sont intimement attachés à notre âme. Si votre objectif est de faire des affaires, ceux qui vous guident depuis «l'autre côté» contacteront votre esprit pour y insuffler une idée neuve, ou pour vous aider à rencontrer la personne qui vous permettra de réaliser vos projets commerciaux.

Nous n'avons aucune idée de la mesure et de la fréquence avec lesquelles ces personnes bien-aimées interviennent quotidiennement dans nos vies. Récemment, Joe et moi sommes retournés dans l'un des restaurants mexicains préférés de mon père, où je ne pouvais plus aller dîner depuis un certain temps à cause du poids des souvenirs. Il m'aura fallu quatre ans et demi pour avoir la force d'y emmener mes enfants. Ce jour-là, après une importante interview accordée la veille, j'étais quelque peu stressée. Et même si cet événement était susceptible de modifier positivement le cours des choses en ce qui me concerne, je ressentais le besoin de décompresser. Dans ces cas-là, mon père cherchait toujours à me détendre avec une vieille expression rebattue qui immanquablement me faisait lever les yeux au ciel dans un soupir.

Nous venions de nous asseoir et de passer commande quand Joe me regarda et lança soudain :

— Nom d'un petit bonhomme !

— Pourquoi dis-tu ça ? lui demandai-je.

— Je ne sais pas, me répondit-il.

J'étais sidérée, étant donné que mon père utilisait souvent cette expression pourtant tombée en désuétude. Je ne l'avais pas entendue depuis des années, et pensais même ne plus jamais la réentendre.

— Tu sais, Joe, mon père disait ça quand il se réjouissait de sortir pour dîner ou pour voir un film, et ça avait le don de m'agacer à un point que tu ne peux même pas imaginer !

Il était si improbable d'entendre un jour ces mots-là dans la bouche de Joe ! Je sais que c'est mon père qui a saisi cette occasion pour me faire comprendre sa présence. C'était d'autant plus important pour moi que je m'étais demandé la veille s'il avait pu me voir donner cette interview capitale pour ma carrière. Je crois bien que j'ai eu ma réponse. En tout cas, je trouve agréable de savoir que des âmes bienveillantes veillent sur ma famille. Il me semble plus rassurant que sinistre de savoir que nous sommes ainsi regardés et guidés. Après tout, le jour viendra où c'est nous qui veillerons et guiderons ceux que nous aimons.

Si je n'avais pas eu cette ouverture d'esprit, j'aurais simplement jugé cette expérience comme étrange, et je serais passée à côté du contact provoqué par mon père. Nos chers disparus ne manquent pas d'essayer de nous contacter, que ce soit par des signes ou par l'intermédiaire d'autres personnes. C'est simplement que les personnes trop pragmatiques ont tendance à nier ce qu'elles ne peuvent prouver. On peut être intelligent tout en bridant complètement sa spiritualité. Des gens habitués à stimuler leur esprit mais qui négligent leur corps et leur âme peuvent ainsi se retrouver dans un grand déséquilibre global.

Il nous est arrivé à tous de rencontrer des gens qui semblaient vides de l'intérieur, comme dénués d'émotions et de sentiments. Ce sont des créatures intrigantes, avec lesquelles il est quasiment impossible d'entrer vraiment en contact tant elles sont bancales au niveau relationnel. Il n'est pas sain de vivre ainsi. Il nous est aussi arrivé de rencontrer des personnes tellement impliquées dans le spirituel qu'elles semblaient ne plus avoir les pieds sur terre, et préférer s'en remettre à une autorité supérieure plutôt que de réfléchir et prendre des décisions par elles-mêmes. Il existe encore des gens qui misent tout sur leur apparence et leur condition physique. Il est également difficile d'entrer dans un vrai contact affectif avec ces personnes, qui n'ont pas conscience de s'être bâti une armure et ont l'habitude d'obtenir ce qu'elles veulent grâce à leur physique.

Il existe pourtant un équilibre entre l'esprit, le corps et l'âme, qui permet de se sentir bien dans sa peau à ces trois niveaux. On peut tout à fait être séduisant et réceptif émotionnellement, tout en possédant une dose suffisante de bon sens. De nombreuses personnes ont trouvé cet équilibre et s'y maintiennent : elles réussissent dans la vie et sont bien entourées. Bien sûr, on se sent plus ou moins en harmonie sur ces trois niveaux selon les jours, mais c'est finalement une bonne chose : c'est alors l'occasion de se réévaluer pour voir où l'on en est.

9

Le pouvoir de « l'autre côté »

On me pose souvent des questions sur la foi et sur ce que les morts sont capables de faire depuis « l'autre côté ». Voici deux histoires à ce sujet que je voudrais partager avec vous. Ce sont deux consultations différentes qui se sont déroulées à deux jours d'intervalle, et qui ont changé ma vie.

La première concernait une jeune fille de dix-neuf ans, du nom de Jackie Hartman, disparue le 28 janvier 2007. La dernière fois qu'on l'avait vue, elle montait en voiture en compagnie d'un jeune homme, visiblement son petit ami, dans une station-service de Gilbert, en Arizona. Le père de Jackie rencontra le jeune homme le jour suivant : celui-ci confirma l'avoir raccompagnée en voiture et déposée en bonne santé.

Un ami de la famille me contacta pour me demander mes impressions sur cette disparition. Sachant que Jackie avait dû faire de gros efforts pour m'amener à cette affaire, j'acceptai. Je n'avais pourtant pas spécialement envie de travailler sur un nouveau cas à cette période-là. Une des règles premières pour moi est que, si le suspect ou le criminel se trouvent déjà en garde à vue ou en détention provisoire, je ne m'en occupe pas. Tant de crimes sont continuellement perpétrés que je choisis de n'intervenir que sur ceux où le coupable court toujours, lorsque cela peut encore sauver des vies. Ne pouvant me dédoubler, j'ai besoin de délimiter mon champ d'action, ce qui me permet de mettre toute ma motivation au service de cette seule idée : empêcher un nouveau crime.

Mais le véritable déclencheur fut finalement le père de Jackie, lorsque je le vis au journal télévisé, les yeux remplis de larmes et d'amour pour sa fille, le cœur brisé. Je sentis la boule dans sa gorge, et, plus que tout, son indéfectible détermination à ramener sa fille à la maison, fût-ce pour son dernier repos. De mon côté, je voulais aussi que le visage de celui qui avait fait cela soit vu à la télévision par trente millions de personnes, qui sauraient alors qui cet homme était et ce qu'il avait commis. Cela m'apparut comme une justice à rendre à Jackie et à sa famille ; en voyant sa photo le soir au journal télévisé, je sus que j'allais intervenir dans cette affaire. Je suis quelqu'un de têtu, et quand une cause est juste, j'y vais à fond. Et là, je voulais pouvoir dire au père de Jackie à quel moment sa fille lui serait rendue.

Cette affaire fut bien différente des précédentes. En effet, je devais être accompagnée en permanence par une équipe de télévision chargée de filmer ma façon de travailler. Le lundi 5 février, je me rendis sur les lieux du crime. Comme j'ai mes habitudes, je n'aime pas qu'un producteur me dicte ce que je dois faire, mais je révisai mon attitude devant l'importance du dossier sur lequel nous travaillions.

On m'a donc emmenée à l'endroit où Jackie avait été vue pour la dernière fois, et j'ai immédiatement su qu'elle en était partie de son plein gré. Nous nous sommes ensuite rendus au domicile du suspect. En observant la maison de l'extérieur, je me suis concentrée pour trouver l'information la plus intéressante aux yeux de la famille. Je suis assez douée pour deviner le temps au bout duquel un disparu sera retrouvé, cette échéance étant un grand réconfort pour les familles en détresse. Lorsque le disparu est en vie, cela leur indique le moment où ils retrouveront leur proche. C'est également le cas lorsque le disparu est mort, mais cela leur donne surtout l'assurance de pouvoir fournir à leur bien-aimé une sépulture décente et paisible.

Le producteur de l'émission me demanda: «Quand Jackie sera-t-elle retrouvée?» Et je lui répondis immédiatement: «Dans deux semaines.» Les mots «deux semaines» s'affichaient littéralement devant moi, comme écrits sur un panneau de signalisation. Je poursuivis le rapport de mes informations, incluant les funérailles de Jackie. Il était important pour la famille de savoir qu'il y aurait une cérémonie pour elle, et un vrai temps de deuil pour eux. Je pus leur communiquer plusieurs informations sur le meurtrier, comme le mobile du crime, même si je savais bien que cela les intéressait moins.

Le 18 février 2007, le corps de Jackie Hartman fut retrouvé, treize jours et demi après ma prédiction. Je ne peux pas vous expliquer ce que l'on ressent quand on « sait » qu'un corps va être découvert, et que l'on entend soudain aux informations que le délai prédit s'est trouvé vérifié. J'étais fière de moi et soulagée que les Hartman sachent désormais où était leur fille. Cela peut sembler étrange à première vue, mais je suis sûre que ceux qui ont fait l'expérience d'une disparition dans leur entourage comprendront ce que je veux dire.

Quand j'étais dans ma « zone de vision » à travers les yeux du tueur – ce que je fais en fermant les yeux et en me concentrant sur l'agresseur –, j'ai vu la route à deux voies près de laquelle j'ai indiqué que Jackie se trouvait, ainsi qu'une montagne de détritus d'où je la voyais tomber. J'avais l'impression d'avoir aperçu un panneau indiquant la limite de l'agglomération, ce qui m'indiquait qu'elle était en dehors de sa ville de résidence – chose également confirmée lorsque son corps fut découvert. Comme il n'existe pas beaucoup de routes à deux voies dans la région, Joe et moi en avions conclu que ce devait être la Route 87. Jackie fut en effet retrouvée près de cette route, mais pas dans le coin prévu ; son agresseur avait emmené Jackie dans la direction opposée.

Je voudrais que les gens comprennent combien il est difficile de décrypter une vision. Mon cameraman et Joe – qui connaissent bien mieux que moi les routes de la région – me soutenaient qu'elle serait près de la Route 87, du côté de son domicile, alors qu'elle se trouvait en fait au nord de chez elle. Cela démontre l'importance pour un médium de travailler uniquement sur ses propres informations. En effet, lorsque d'autres personnes tentent de les utiliser, elles sont déformées par leurs propres idées. Cela dit, n'oublions pas qu'ils voulaient bien faire, et que leur aide fut effectivement précieuse. Ce n'est là qu'un exemple instructif pour montrer que les informations que je délivre doivent être reçues mot pour mot, telles que je les ai dites, par la police ou par ma famille, mais sans aucune modification de mon entourage. Je le précise tout spécialement à l'attention des personnes intuitives qui demandent conseil aux leurs après une prédiction, ce qui brouille immédiatement sa lisibilité. Tenez-vous-en exactement à vos propres termes et travaillez en solo pour préserver la pureté de vos informations.

Il est intéressant de noter que j'ai tendance à perdre le sens de l'orientation lorsque je conduis, et que la même chose peut se produire lors de mes visions, quand je vois une route sans savoir dans quelle direction l'agresseur s'est enfui. J'essaie alors de me débarrasser des notions de Nord, de Sud, d'Est et d'Ouest, pour me focaliser sur les panneaux et décrire les alentours.

J'avais expliqué aux producteurs que je ne «voyais» pas le meurtre de Jackie dans la maison du suspect, ce qui fut confirmé plus tard par des détails que je mentionnerai le moment venu.

Je sentais aussi que Jackie entendait la circulation de la route aussi clairement que si un hélicoptère survolait son corps : un ami de la police me confia ultérieurement qu'il avait en effet survolé l'emplacement où elle fut retrouvée, à bord d'un hélicoptère. Le cadavre fut découvert non loin d'une route à deux voies, dans une zone passée au peigne fin par des hélicoptères. Un suspect est actuellement en détention provisoire et attend d'être jugé. Par respect pour les familles et pour la procédure légale, je ne divulguerai donc pas le reste des informations concernant cette affaire.

Mon travail sur le cas de Jackie se révéla important pour sa famille, mais il impacta également la mienne. J'eus en effet une révélation : il était temps pour moi de rendre mon tablier et de ne plus m'occuper de ce genre de dossier. Chaque affaire me touche trop, et j'en ressors émotionnellement vidée. En dépit de la satisfaction que j'en retirais, après sept années de contribution à de nombreuses enquêtes, je sentais la machine s'essouffler. Cela aurait pu ne jamais s'arrêter, et ce n'était pas ma passion. Ce n'était pas un moyen de combler un vide en moi, comme cela semble le cas pour nombre de personnes qui choisissent cette voie. À l'inverse, c'est cette activité qui commençait à créer un vide en moi, vide qui semblait ne plus se combler.

Je dois mettre en pratique ce que j'énonce. Dans la vie, quand on atteint un point où l'on doit changer quelque chose, il faut à tout prix suivre ce sentiment. Je tiens donc à remercier tous ceux qui m'ont soutenue, et redire aux familles des victimes auxquelles j'ai eu affaire que leurs bien-aimés disparus feront toujours partie de moi et de ma vie.

Lumières, caméras... action !

La seconde vision qui changea ma vie survint également lors d'une émission télévisée. Elle concernait deux personnes que je n'avais jamais vues auparavant, et que je devais recevoir en consultation. La seule information que je détenais était le prénom de chaque consultant (la personne vivante pour laquelle je dois entrer en contact avec un mort). Je m'assis dans ma chambre d'hôtel, papier et crayon en main, et commençai à coucher les impressions que m'inspiraient les prénoms de Mary et Wade, les consultants.

La consultation était enregistrée pour une émission télévisée, et je répète que nous ne nous étions encore jamais vus. En la rencontrant, ma première impression de Mary fut le raz de marée de souffrance que je sentais en elle. Je sentis aussi toute la gentillesse et la bonté qu'elle recelait. Cela est important à préciser, étant donné qu'il est essentiel pour le voyant de se sentir connecté au consultant. J'ai ensuite serré la main de Wade. En dépit d'un certain scepticisme de sa part, la connexion s'établit plutôt bien également. Un scepticisme de bon aloi ne freine aucunement le déroulement d'une consultation.

J'ai commencé par leur expliquer comment les séances se déroulaient habituellement : que j'écrivais avant la consultation, puis que je débutais l'entretien en lisant ce que j'avais écrit.

Je demandai alors à Mary si elle avait une fille.

— Oui, j'en ai trois, me répondit-elle.

— L'une d'entre elles est-elle morte ? poursuivis-je.

— En effet.

Heureuse de constater que j'avais immédiatement visé juste, je continuai en faisant part à Mary de la douleur que je ressentais à la tête, et que, peut-être, sa fille aurait ressenti la même chose lors de son trépas, en raison d'un traumatisme crânien. Il m'apparut tout de suite que sa fille, Candace, refusait d'endosser toute responsabilité quant à son propre décès, et qu'elle affirmait que c'était la faute de quelqu'un d'autre si cela s'était produit à ce moment-là. Elle poursuivit en se montrant appuyée contre une voiture, ce qui m'indiqua qu'un véhicule n'était pas étranger à l'affaire.

Je m'adressai à Mary :

— Votre fille me dit qu'elle a été éjectée de son corps. Cela vous évoque-t-il quelque chose ?

— Oui, murmurèrent-ils.

Il apparut que Candace avait été percutée par une voiture conduite par une femme qui, d'après les autorités, était sous l'effet de médicaments, et avait fait le choix de conduire en dépit de son état. *Qui* est mort et *comment* il est mort sont souvent les éléments centraux d'une consultation, livrés d'entrée de jeu par le disparu pour permettre son identification. Lors de celle-ci, j'ai eu plaisir à recevoir de nombreux éléments. Oui, j'ai bien dit plaisir! Lors des consultations, je ne perçois pas uniquement les choses difficiles. Il m'arrive aussi de ressentir l'amour et l'humour que la personne décédée possède encore. En l'occurrence, Candace se révèle douée d'un humour fantastique et est remplie d'amour pour Mary et Wade, ce qui fit de cette consultation un moment très agréable pour moi.

Mary me demanda d'interroger Candace sur son frère Jake, au cas où elle aurait un message pour lui. Je lui fis part du fait que le prénom de Jack m'avait déjà été communiqué par Candace. Mary s'en réjouit, me précisant que Jack était le prénom du père de Candace, qui n'était pas présent à la consultation. Après cette précision, je lui donnai l'information qu'elle attendait sur Jake, le frère.

Candace évoqua également un certain Christopher, me le répétant jusqu'à ce que j'en parle à Wade, qui m'informa alors qu'il s'agissait de son second prénom. Comme je savais déjà que Wade était le nom de son mari, il me sembla logique en conséquence qu'elle utilisât son second prénom, que j'ignorais, pour prouver à Wade qu'elle s'adressait bien à lui.

Candace répétait aussi sans cesse: «Joyeux anniversaire!», en me montrant des ballons de baudruche. J'en fis part à Mary et Wade, qui semblèrent perplexes. Je précisai qu'elle le disait à l'attention d'un proche de sa famille, et que l'anniversaire en question n'était pas en février mais plutôt en janvier. Comme nous étions en plein mois de février, il me sembla important de souligner que c'était bien «JANVIER» qui s'inscrivait clairement devant mes yeux. Cela ne leur disait pourtant rien, quand je m'écriai soudain: «Son beau-père, votre père, Wade, n'était-ce pas son anniversaire?» Nous y étions enfin! Wade reconnut que l'anniversaire de son père était fin janvier, et qu'il avait été fêté quelques semaines avant notre consultation.

Il me semble que cet exemple illustre bien l'interaction médium/défunts dans les retours que j'ai dû faire vers Candace pour obtenir ces informations. Je n'aurais jamais pu les obtenir en lisant seulement dans les pensées de Mary et de Wade, qui ne se souvenaient pas de ce que Candace évoquait – ils n'avaient consciemment souvenir d'aucun anniversaire récent dans la famille. Ces séances peuvent se révéler épuisantes d'un point de vue émotionnel pour celui qui vient consulter; il faut alors que le médium et le défunt soient aussi précis que possible, afin de ne pas passer à côté d'un message important.

Lors de cet entretien se produisit un fait rarissime. Alors que je communiquais avec Candace, une adolescente décédée – avec laquelle j'étais entrée en contact voici plusieurs années avec sa mère – vint se joindre à nous. J'en fus d'abord assez perturbée, me disant ensuite que leur mort plutôt similaire – accident de la route à un jeune âge – avait peut-être donné envie à la jeune fille de se rapprocher de Candace.

Je vous rappelle que, durant ces différentes étapes, j'avais en permanence une caméra braquée sur mon visage, et que je ressentais par conséquent une double pression : celle de donner une consultation de qualité à Mary et Wade, ainsi que celle d'offrir une bonne émission télé. Je jonglais donc avec les charades que m'adressait l'adolescente, me concentrant sur les messages de Candace, et attentive au bien-être de Mary et Wade.

Mais la jeune fille parvint à retenir mon attention en me donnant à voir encore et encore des éléments apparus lors de la consultation de sa mère, comme un restaurant chinois, une voiture, ou des câlins qu'elle lui faisait. Elle me les envoyait en rafales, à tel point que je commençai à me sentir dépassée. Puis l'adolescente, que je n'avais pas vue pendant des années, se tint juste devant moi et pointa du doigt mon livre *Nous sommes leur paradis*, posé sur le sol contre un barreau de chaise, que je venais de dédicacer et d'offrir à Mary.

Je m'exclamai soudain : « Mary, puis-je voir votre livre ? » Au moment même où je pris l'objet en main, je vis comme au travers d'un tunnel. Je compris d'un coup que, dans mon ouvrage précédent, au cours d'un chapitre relatant la mort d'une enfant, j'avais écrit sur cette adolescente en lui donnant un autre nom pour masquer son identité. Et je l'avais appelée Candace, le même (vrai) prénom que celui de la fille de Mary. Toutes deux étaient donc décédées trop jeunes des suites d'un traumatisme crânien et de blessures internes consécutives à un accident de la route, et la jeune fille voulait m'amener à m'arrêter sur ce nom de « Candace ». Je n'avais pu faire le lien avant que Mary ne me fasse part du prénom de sa fille. Le but et le sens des charades m'apparurent alors clairement.

J'ai montré à Mary l'une des pages où le nom de Candace apparaissait. Elle sembla bouleversée, mais l'atmosphère était d'une incroyable intensité spirituelle. En plus de l'impact lié au nom de Candace dans la séance de Mary, je pense que cette consultation fut l'occasion pour l'adolescente de recontacter ses parents par mon intermédiaire, afin de leur faire savoir qu'elle était toujours là. C'est pourquoi il était important que je témoigne de cet aspect de la séance.

J'aimais beaucoup l'idée que Candace et l'une de mes jeunes filles défuntes préférées s'étaient rejointes de l'autre côté du réel. Je confiai ce sentiment à Mary, qui s'étonna que l'orthographe du prénom Candace soit correcte. Il est difficile de dire pourquoi j'avais choisi ce prénom en particulier – je ne connais personne qui le porte. Je dirais qu'il m'a été donné par une intervention divine. Bien avant que sa vie ne s'arrête, j'écrivais le nom de Candace dans mon livre précédent, comme je le fais aujourd'hui, après sa mort, dans celui-ci. Je me sens honorée de connaître les familles de deux jeunes filles qui nous ont émus par leur grâce et leur humour.

Candace était un fabuleux exemple de fille/femme/mère pleinement consciente de l'amour de son entourage, et qui passait son temps à communiquer avec eux, leur témoignant toute son affection et vivant une vie dénuée de tout regret. Étant partie bien trop jeune, elle passera beaucoup de temps à proximité de son époux, de leur jeune enfant et du reste de sa famille, jusqu'à ce qu'elle en décide un jour autrement. Là réside la beauté de « ceux qui vivent de nouveau » : ils ont le pouvoir de se trouver là où est leur paradis. Nous qui passons notre temps à être durs envers nous-même pour des broutilles, nous devrions nous rappeler que nous incarnons une certaine idée du paradis pour quelqu'un d'autre.

Juste avant la consultation, j'avais écrit le mot « fille » sur une feuille que j'ai ensuite montrée à Mary au début de notre entretien. De tels gestes rendent l'échange très puissant. Par ailleurs, j'avais conscience de ne pas avoir pris autant de notes que ce que les défunts me dictent habituellement, mais cela m'indiqua que le plus important viendrait lors de notre prochain entretien, une fois de retour en Arizona. La première fois que j'ai rencontré Mary, je lui avais annoncé que sa fille avait dû surmonter de nombreux obstacles pour pouvoir provoquer cette rencontre entre son mari Wade, sa mère et moi. Cela fit rire Mary, qui savait à quel point cela était juste. Je me sentis pleinement connectée à eux, et persuadée de les revoir un jour.

Le lundi 19 février, Mary vint à mon domicile pour une consultation : je l'avais informée que je croyais que Candace n'avait pas voulu tout dire devant les caméras, certaines choses étant probablement trop personnelles. Cette seconde étape dans la consultation devait amener Mary à admettre que sa fille était toujours là pour elle, et pas seulement pour les besoins d'une émission télévisée. Quand Mary est arrivée, nous nous sommes embrassées, puis elle m'a demandé :

— Comment allez-vous ?

— Eh bien, honnêtement, je me sens un peu à fleur de peau, ai-je répondu. On vient juste de retrouver le corps de Jackie Hartman.

Je ressentais un certain attachement envers ces deux familles, dans lesquelles deux jeunes femmes semblaient être capables de soulever des montagnes pour assurer la paix de l'esprit aux leurs. J'étais perturbée de constater que je reprenais contact avec les deux défuntes juste deux semaines après l'émission. Jackie revenait à moi par la presse qui annonçait la découverte de son cadavre, ce qui me relia brusquement aux émotions de ses proches. Et Candace revenait à moi par ce nouvel entretien avec Mary, sa mère. Je les sentis toutes deux très proches de moi ce jour-là, mais il me fallait éclaircir mes pensées et me concentrer sur Candace, car sa mère se trouvait en face de moi, et j'avais hâte de savoir quels messages elle voulait délivrer à sa famille.

Chose que je ne fais que rarement, j'avais gardé pour moi une information concernant Wade, l'époux de Candace, lors de la première consultation. Candace m'avait mis en tête la chanson de The Fray, « How to Save a Life[1] », seulement je ne voyais pas en quoi les paroles pouvaient s'appliquer à Wade ou l'aider de quelque manière à se sentir mieux. Il me faut toujours évaluer la souffrance potentielle qui

1. « Comment sauver une vie. » *(N.d.T.)*

pourrait affecter le consultant à travers les mots du défunt, car je ne peux me permettre de blesser les vivants au nom des morts. C'était donc une très belle chanson, mais la situation était pour moi inédite et je ne savais trop qu'en faire. Au moment où je faisais part de ce dilemme à Mary, j'entendis Candace me murmurer à l'oreille les mots «donneur d'organes».

— Candace a-t-elle fait un don d'organes qui aurait permis de sauver des vies? demandai-je soudain.

— Absolument, me répondit Mary. Elle a fait don de trois organes, qui ont permis de sauver trois vies.

J'eus alors le déclic. Candace voulait que Wade sache que «How to Save a Life» serait désormais leur chanson, celle qui lui rappellerait qu'elle était près de lui, en lui rappelant du même coup qu'elle était encore présente de différentes façons à travers ces dons.

— Wade n'était probablement pas très favorable au don d'organes quand il a perdu sa femme, expliquai-je. Il me paraît maintenant logique que Candace veuille lui faire savoir qu'elle est toujours intacte, et surtout heureuse d'avoir pu aider ceux qui en avaient besoin.

Candace voulut aussi dire à sa mère qu'elle était près de «Jack». Elle avait déjà parlé de lui lors de la première consultation, et voilà qu'il apparaissait de nouveau. Entre-temps, Mary m'avait confirmé qu'il s'agissait bien du père de Candace.

— Mary, Candace me demande de vous dire qu'il y a un autre Jack, et qu'elle se trouve à ses côtés. Son véritable prénom était John, mais tout le monde l'appelait Jack.

Mary m'éclaira alors en m'expliquant que le père et le grand-père de Candace étaient tous deux des John que l'on appelait Jack. La jeune femme voulait que sa famille soit réconfortée à l'idée qu'elle se trouve auprès de son grand-père. C'est un formidable cadeau de nos chers disparus que de saisir l'importance des retrouvailles entre générations de «l'autre côté», et d'en faire part à ceux qui restent. Cela en dit aussi beaucoup sur les vivants qui sont capables de comprendre le concept des connexions éternelles entre les gens.

J'ai également beaucoup apprécié que Candace évoque le fait de planter des arbres et des fleurs en son souvenir. Elle se montrait par là reconnaissante envers ceux qui l'aiment suffisamment pour honorer sa mémoire. Mary confirma que deux petits mémoriaux avec arbres et fleurs avaient été installés dans les écoles où Candace et Mary avaient enseigné. Lorsqu'une personne meurt, elle a tout loisir d'observer l'effet papillon provoqué par sa disparition, et ce genre de détail est souvent mentionné dans mes consultations. Au moment où Mary s'apprêtait à prendre congé, je l'informai que Candace me disait «qu'elle allait envoyer des fleurs à sa maman durant les prochains mois, par l'intermédiaire de différentes personnes».

Candace m'invita alors à me retourner, ce que je fis, (re)découvrant les roses dans un vase sur le plan de travail de ma cuisine. Elle me demanda d'en prendre une. Je m'exécutai et la tendis à Mary.

— Mary, voici la première des roses que vous allez recevoir de la part de Candace par l'intermédiaire de personnes vivantes connectées à elle. Sachez que c'est un moyen pour elle de vous envoyer tout son amour quand vous en avez le plus besoin.

Deux jours plus tard, Mary m'adressa un courrier électronique pour m'informer qu'un de ses anciens étudiants, désormais diplômé, lui avait offert une douzaine de roses sans raison particulière. Elle était d'autant plus surprise que cela faisait des années qu'elle n'avait pas reçu de ses nouvelles. Elle avait bien compris que tout cela était orchestré par Candace. Mary se souvint alors de mes paroles – ou plutôt, de celles de sa fille –, et se sentit profondément émue. Elle a reçu d'autres roses depuis.

Lorsque j'écris un livre, il m'est important de bien montrer les deux aspects d'une consultation, car le voyant et le consultant en sont des éléments bien distincts. On en ressort avec des bribes d'information qui ont une signification différente pour chaque protagoniste. Afin de vous donner une vue plus large sur la consultation en question, j'ai donc décidé d'inclure le témoignage de Mary, avec ses propres mots, ainsi que ses conseils à ceux qui ont subi une perte similaire à la sienne. Je crois que nul ne peut comprendre pleinement ce que représente ce type d'expérience sans l'avoir vécu personnellement. L'intention de Mary à travers le témoignage de cette disparition est de venir en aide à ceux qui empruntent le même chemin douloureux que celui qu'elle a parcouru.

Vous remarquerez que les informations les plus importantes pour elle reposent sur ce que nous percevons, nous, comme des nuances dans la personnalité de sa fille. *A contrario*, mon parti pris lors de la consultation s'est davantage porté sur des aspects précis tels que les noms, les descriptions physiques ou les lieux de vacances, par exemple. En effet, en tant que médium, il est crucial que je communique des détails concrets à la personne vivante comme au défunt, pour pouvoir ensuite les assortir des messages de réconfort délivrés par celui qui nous parle depuis « l'autre côté ». Sans ces détails concrets, et pour des raisons évidentes, le consultant ne serait pas en mesure de baisser la garde pour pouvoir accueillir des propos apaisants.

Les consultations sont des moments très intimes. En conséquence, il est rare que mes lecteurs aient accès aux deux perspectives de ce moment : celle du voyant, d'un côté, et celle du consultant, de l'autre. En choisissant de montrer la globalité de cet échange, j'espère aider chacun à comprendre ce qu'une consultation comporte dans son ensemble, et combien ce processus peut renforcer la conviction que ceux qui sont partis avant nous sont toujours présents et prêts à nous écouter. Vous avez pris connaissance de ma version des faits, vous allez maintenant accéder à celle de Mary, aussi bien en ce qui concerne la façon dont elle a vécu la perte de sa fille qu'au sujet de la consultation qu'elle a faite avec moi. C'est une séquence très personnelle de sa vie dont Mary nous ouvre ici les portes : je la remercie donc une fois de plus pour la générosité dont elle a fait preuve afin d'aider d'autres personnes à comprendre ce qu'elle a traversé, et comment elle se bat.

Mary raconte

Comment une mère peut-elle rendre compte de la souffrance liée à la perte d'un enfant? La chose est tout simplement indescriptible. Cette souffrance vis-à-vis de l'être chéri, que vous avez nourri et protégé pendant tant d'années, s'enracine profondément en vous. À sa mort, les rêves que vous aviez pour votre enfant disparaissent subitement, et c'est toute l'orientation que vous aviez donnée à une vie qui s'évanouit du même coup. La douleur est brutale. C'est un peu comme si celui qui vous a enlevé votre enfant arrachait en même temps un morceau de votre propre cœur… et vous savez qu'il ne repoussera jamais. Cette douleur ne vous quitte pas une minute, même lorsque vous semblez occupé à diverses tâches. Le voile de tristesse et de désespoir que vous revêtez alors devient l'élément principal de votre garde-robe quotidienne. On ne peut échapper à cette souffrance. Des mots que vous n'auriez jamais songé entendre prononcer au sujet de votre enfant jaillissent désormais sans cesse de la bouche de votre entourage: « décédé, mort, parti… » Ces expériences et ces émotions sont hélas le lot ordinaire de tous ceux qui doivent affronter la mort d'un enfant.

Je sais pertinemment que Candace a organisé la rencontre avec Allison, et que c'est elle qui nous a conduits à la voir. Après sa mort, j'ai toujours cru que sa présence et son esprit me guidaient, ce qui fut confirmé lors de ma consultation avec Allison. Alors que, le cœur brisé, je préparais le récit de sa vie et de sa mort pour les besoins de l'émission, je sentais Candace guider mes doigts au fur et à mesure que les mots s'alignaient sur l'écran de mon ordinateur. J'étais en train d'ouvrir mon cœur à un étranger via Internet – un étranger qui ne lirait peut-être même pas ces mots, pourtant les plus importants que j'aie jamais écrits de ma vie. À peine avais-je cliqué sur « envoyer » que mon téléphone sonna : on me demandait si notre famille serait d'accord pour faire un petit voyage dans l'optique d'une consultation avec un médium. Et quelques jours plus tard, mon beau-fils Wade et moi nous retrouvions assis en face d'Allison. Nous savions tous deux que c'était l'œuvre de Candace, car une telle rapidité dans l'enchaînement des événements ne pouvait être fortuite. Ma fille avait cette façon de faire « tout, tout de suite ». C'était aussi un cœur en or, plein de compassion, et je compris que son objectif était de communiquer rapidement avec sa famille, son fils, Wade et moi.

Jamais je n'aurais pu imaginer que le pire cauchemar de tout parent puisse me tomber dessus. C'est pourtant ce qui survint dans la soirée du 23 août 2006. Ma belle et spirituelle Candace, trente et un ans, à la fois fille, mère, épouse et sœur, fut renversée par une voiture alors qu'elle faisait du vélo vers le soleil couchant par une belle soirée d'été. Comment une telle chose a-t-elle pu se produire? Elle avait un bébé de quatorze mois qui la comblait de bonheur, et un mari formidable, prêt à tout pour elle. Elle avait une mère, un père, des sœurs et un frère qui l'aimaient. Une classe entière d'étudiants attendait qu'elle leur transmette ce qu'elle avait à leur enseigner. Tant de travail pour arriver à la situation qu'elle avait alors, et tant d'autres projets en cours... Ce que j'avais le plus besoin de savoir, c'était si elle avait souffert. Nous avait-elle entendus à l'hôpital? Et que voulait-elle que nous fassions maintenant? J'eus les réponses à ces questions, ainsi qu'à beaucoup d'autres, lors des échanges qu'Allison eut avec Candace, sous forme de pensées, de souvenirs, ou même avec humour, pendant notre consultation.

Il ne me fallut que quelques minutes pour comprendre qu'Allison était quelqu'un d'authentique. Je fus immédiatement touchée par sa chaleur, sa sincérité, et ce fut un élément capital pour enclencher idéalement notre entretien. Nous étions là pour Candace, et je me rendis rapidement compte qu'Allison était là pour nous. Dès qu'elle commença à parler, je sentis la présence de ma fille. L'intonation et l'expression du regard d'Allison me rappelaient celles de Candace. L'une des premières informations qu'elle nous donna fut qu'elle voyait une «distance» entre nous, comme si nous n'étions pas proches physiquement. Wade vit en effet en Californie, et moi en Arizona. «OK, ai-je pensé, elle capte quelque chose.» Puis Allison s'est tournée vers moi et m'a dit : « La défunte se surnomme votre ombre. » C'est à ce moment-là que j'ai su que Candace s'exprimait à travers Allison. En effet, Candace et moi avions l'habitude de discuter des traits de caractère – bons ou moins bons – que nous héritons de nos parents. Allison ignorait alors à quel point Candace et moi avions des personnalités similaires, étant toutes deux très émotives, exerçant le même métier d'enseignante et présentant aussi de nombreuses ressemblances physiques – ce qui est loin d'être le cas pour toutes les mères et leurs filles.

Les messages d'Allison venaient vraiment du cœur. Il lui arriva d'avoir les larmes aux yeux, comme lorsqu'elle me confia ces quelques mots : « Elle a déjà entendu tout ce que vous vouliez lui dire avant notre rencontre. Vous savez cela. » D'autres messages nous rappelèrent l'humour de Candace, notamment quand elle mentionna à Wade qu'elle dormait toujours de son côté du lit : « Alors, prière de ne pas déborder ! » Allison nous décrivit une photo où l'on voyait Wade et Candace près d'un palmier sur une plage, à Hawaï – photo que Wade venait juste de découvrir. Coïncidence ? Je ne le pense pas. Ce faisant, Candace voulait certainement que Wade conserve d'elle l'image qu'il en avait lors de leur lune de miel, une image radieuse qu'il n'oublierait jamais. Lors de la consultation, Candace parla aussi de son père, de ses sœurs et de son frère, donnant des détails qu'elle seule pouvait connaître sur leur personnalité et sur leur relation. Elle dit à son frère Jake qu'elle était « fière » de lui. Allison nous raconta aussi que Candace souhaitait que chacune de ses sœurs détienne un de ses bijoux. Elle me demandait également de transmettre le message suivant à sa sœur Amy : « Vas-y mollo ! » Cette expression me rappela bien des souvenirs. Candace évoqua également son amour pour ma mère, qui se trouvait près d'elle, et qui gardait toujours le sourire, quelles que soient les circonstances. Et, en effet, je reconnaissais bien là ma mère !

Allison me décrivit Candace de la façon suivante : la raie au milieu, avec de longues boucles blondes tombant dans son dos, et vêtue d'une robe. Toutes les photos de Candace jeune fille en ma possession ressemblent en effet à cela. Après sa mort, une très bonne amie m'a offert un tableau représentant une adolescente ressemblant comme deux gouttes d'eau aux photos de Candace. Je l'ai accroché dans notre salon, en mémoire de notre fille – même si, bien entendu, nous ne risquons pas de l'oublier.

Il est déjà atroce de perdre aussi brutalement sa fille, mais quand je regarde mon petit-fils dans les yeux, je vois aussi un enfant qui ne connaîtra jamais la gentillesse d'une mère ayant adoré chaque minute en sa présence. Une mère qui lui lisait des livres, organisait des jeux à son intention, et l'emmenait dans de nombreux endroits pour qu'il puisse goûter à tout ce que la vie peut offrir de bon. Je n'oublierai jamais les mots qu'Allison nous a répétés à propos du fils de Candace, tenant à nous rassurer sur le fait qu'elle ne l'avait pas quitté, car « il est et sera toujours son ange ». Allison nous rapporta encore que Candace a l'habitude de s'asseoir sur son lit, et qu'elle viendra bientôt le voir dans ses rêves. Wade prétend que le petit Owen prononce parfois des « maman », comme s'il savait que la sienne était encore là. Si vous connaissiez ma fille, vous auriez vous aussi la certitude qu'elle n'abandonnerait jamais son fils, même après sa mort.

Nous avons récemment eu une discussion en famille à propos de la façon dont nous souhaitions fêter le prochain anniversaire de Candace. Nous avons songé à organiser une grande fête avec un lâcher de ballons, et à faire un beau gâteau en mettant son fils à contribution. Allison nous fit part des remerciements de Candace pour son anniversaire – et il s'agissait bien de celui d'après sa mort. Elle nous avait entendus préparer l'événement ! Nous sommes si heureux désormais de savoir avec certitude qu'elle sera à nos côtés.

Nous avons été comblés de l'amour de Candace grâce à l'entremise d'Allison. Voici ce qu'elle a dit au sujet de Wade : « Il l'a rendue très heureuse, et elle lui sera toujours immensément reconnaissante pour la vie merveilleuse et pleine d'amour qu'il lui a donnée. »

Toujours par le biais d'Allison, Candace nous a confirmé que son esprit bienveillant continue chaque jour d'accompagner son fils. L'idée qu'il lui ressemble et qu'il la « connaisse » nous a remplis d'espoir et d'optimisme. Notre médium nous a également donné de nombreux détails que seuls les proches de Candace – comme Wade ou moi-même – étions susceptibles de connaître. Elle a réitéré aux sœurs, frère et père de Candace que son amour pour eux continuait de vivre, et qu'elle serait toujours parmi nous, même si elle n'était plus physiquement présente. Wade et moi sommes restés abasourdis par la quantité de détails qu'Allison nous communiquait. Le plus récurrent était l'amour que Candace nous portait, et sa joie de posséder une telle famille. Elle se dit également confiante dans le fait que nous étions tous là pour prendre soin de son fils et de Wade, et que cela comptait énormément pour elle.

Candace avait commencé par dire qu'elle n'était pas responsable de l'accident, et qu'elle n'y avait joué aucun rôle. Ce que nous savions. Quant à la douleur, Dieu merci, elle déclara ne pas avoir souffert, son esprit ayant aussitôt été «éjecté» de son corps. Eh oui, elle nous avait bien entendus lui parler à l'hôpital... derniers mots, dernières caresses, dernières étreintes. Nous serons éternellement reconnaissants à Allison de nous avoir permis de le savoir.

Je ne m'étais jamais vraiment intéressée aux voyants auparavant – je n'en avais pas besoin. Ayant foi en une vie après la mort, pourquoi aurais-je eu besoin d'un médium? Je crois au paradis céleste, où tous ceux qui mènent une existence vertueuse auront le droit d'entrer. Étais-je sceptique? Probablement. Mais je dois bien admettre qu'Allison DuBois a changé ma vie, et m'a donné, ainsi qu'à Wade, les outils, la foi et la capacité pour communiquer avec Candace quand nous le voulons – et croyez-moi, nous ne nous en privons pas.

Ma fille Candace était une jeune femme volontaire et intelligente, et j'ai su qu'elle n'en resterait pas là avec nous. Je la remercie chaque jour d'avoir orchestré cette rencontre avec Allison. Elle savait qu'il lui fallait passer par quelqu'un de l'envergure d'Allison pour que Wade et moi puissions croire et intégrer qu'elle n'était pas partie. Le Seigneur nous a fait un cadeau pour nous aider à traverser la souffrance de ce deuil, et ce cadeau, c'était Allison. Une femme sincère, authentique et dévouée – « la crème de la crème », comme on dit.

Est-ce que je pleure encore? Tous les jours. Est-ce que je souffre toujours? Oh, que oui. La douleur a les moyens de vous engloutir et de vous consumer. Je pense à ma fille chaque minute de chaque jour que Dieu fait, rêvant de pouvoir remonter le temps. Est-ce que je parle de cette consultation à tous les gens que je connais? Non. C'est là une « discussion » bien trop intime avec l'être disparu. Certains ont besoin de le voir pour y croire, d'autres y croient déjà. Je sais que Candace est de ceux qui croient, car la force de sa voix, de son esprit et de son énergie a clairement résonné à travers Allison ce soir-là, et cette force est encore avec nous quand nous avons le plus besoin d'elle.

Perdre un être que vous chérissez autant est une expérience très douloureuse, particulièrement lorsqu'il s'agit d'une personne jeune, pleine d'énergie positive et de projets de vie. En tant que mère, je ne souhaite à personne d'emprunter le chemin sur lequel je viens de passer les six derniers mois de ma vie. En écrivant ces mots, j'espère par conséquent pouvoir fournir un peu d'apaisement à ceux d'entre vous qui auraient perdu un être cher, en vous disant que nos enfants demeurent auprès de nous même après leur mort, tout comme nos autres proches disparus. Si vous vous mettez vraiment à l'écoute et que vous vous adressez à cette personne, elle vous manifestera sa présence d'une manière ou d'une autre. Peut-être pas de la façon à laquelle vous vous attendiez, mais elle est là, près de vous, pour vous guider.

Je serai toujours reconnaissante à Allison de m'avoir si bien accompagnée dans cette nouvelle rencontre avec ma fille – rencontre dont je continuerai de me nourrir jusqu'à ce que je la retrouve enfin.

Lors de notre seconde consultation, Mary m'avait dit que j'avais dans les yeux la même lumière que celle que Candace possédait. C'est là l'un des compliments les plus touchants que l'on m'ait jamais faits. Il était amusant de constater que, lors de mes échanges avec Mary, quel que soit le sujet, Candace essayait toujours de faire connaître son opinion. Je relayais alors l'information à Mary, qui souriait en m'entendant utiliser exactement les mêmes termes que ceux que sa fille affectionnait.

J'ai confié à Mary que je savais que Candace avait dû se donner du mal pour organiser notre première rencontre, mais ce n'est qu'après le premier anniversaire de la mort de Candace que je me suis sentie vraiment impliquée dans l'aide à lui apporter. La première consultation avait eu lieu moins de six mois après que sa fille eut été renversée par un chauffard – dont les autorités déclarent qu'il était sous l'influence de médicaments, et avait déjà percuté une bouche d'incendie et un parcmètre avant de renverser Candace avec sa voiture. La famille était donc encore en état de choc.

Nous sommes toujours dans l'attente du procès, mais, quelle qu'en soit l'issue, je tiens à faire passer ce message : ne prenez jamais le volant après avoir absorbé de l'alcool, des drogues ou même certains médicaments – comme l'a fait la personne qui a tué Candace accidentellement. Il suffit d'une fois pour tuer quelqu'un et faire définitivement basculer la vie de toute une famille. Personnellement, je ne vois guère de différence entre celui qui tire un coup de pistolet en l'air, sachant que la balle, en retombant, pourrait tuer quelqu'un, et celui qui prend le volant en ayant absorbé des drogues ou de l'alcool. Si vous voyez quelqu'un faire des embardées sur la route, appelez aussitôt la police et essayez de le faire quitter la circulation. La course d'un taxi n'est pas un prix cher payé par rapport à une vie. Songez à Candace comme au porte-parole de « l'autre côté », dont la mort fut aussi tragique qu'inutile, et faisons en sorte qu'elle ne soit pas morte pour rien. On peut sauver des vies, et l'on ne sait jamais si la prochaine ne sera pas la nôtre. Comme on me demande souvent de soutenir des associations, j'ai notamment choisi d'apporter ma contribution à la MADD, Mothers Against Drunk Driving[1] – tant de vies ont pu être épargnées grâce à l'éducation qu'ils ont dispensée ! Je sais que Candace tenait à ce que j'en parle dans ce livre, et c'est chose faite.

À cette époque, ma propre mère venait de déménager assez loin de chez moi, et j'étais heureuse de connaître Mary, si maternelle et qui a beaucoup de choses à transmettre. J'espérais moi aussi pouvoir lui apprendre à se connecter efficacement avec Candace, afin qu'elle puisse à l'avenir communiquer directement avec sa fille sans avoir à solliciter le fameux secrétariat des morts que j'incarne !

Candace me fascinait. À l'instar d'autres défunts avec lesquels j'avais conversé, elle se considère comme « vivante » – malgré certaines limitations évidentes –, car elle a cette conscience que c'est notre énergie intérieure qui fait de nous quelqu'un de vivant ou non. Il m'est arrivé de rencontrer des personnes physiquement vivantes, et pourtant mortes de l'intérieur. Laquelle de ces deux situations nous rend plus apte à entrer affectivement en contact avec les autres ? On devrait se poser plus souvent la question…

Lorsque je quittai Mary ce jour-là, je lui promis de continuer à l'aider dans son parcours de deuil, bien qu'il soit rare que je devienne amie avec mes consultants. Je pus faire cette exception en me disant que Mary n'était pas vraiment une cliente,

1. Les mères contre l'alcool au volant. *(N.d.T.)*

puisque je ne l'avais pas fait payer pour mes services. À la fin de notre entrevue, j'eus la seconde révélation de la journée : les consultations me manquaient, avec tout l'aspect personnel de cette connexion. Il m'apparut clairement que c'était le moment de reprendre les consultations privées qui m'avaient toujours procuré un grand plaisir. À l'inverse, travailler sur des affaires criminelles avait pris trop de place en moi et dans ma vie. Et je n'en voulais plus.

Il n'est pas exclu que je me penche à nouveau sur quelque affaire criminelle, mais pour le moment j'ai choisi de faire ce que j'aime vraiment, à savoir me connecter aux vivants par le biais des défunts, et vice versa. Je veux ressentir cet amour qu'ils ont les uns pour les autres, et voir ce qui rendait les trépassés heureux durant leur vie parmi nous. J'ai besoin de retrouver le sourire de ces gens lors des consultations, en dépit des larmes qui inondent leur visage. J'adore tomber sur un esprit plein d'humour qui nous sort soudain une blague et fait rire son proche parent comme au bon vieux temps où ils étaient ensemble. Les disparus me donnent à voir des images de leur mariage, de leurs bébés, de leurs vacances, etc. Et ils me parlent de leur passé, d'une vie à travers leurs yeux. Je sens parfois les gâteaux qu'ils faisaient ou les cigares qu'ils fumaient, même si les deux ne viennent généralement pas de la même personne ! Ils me font partager l'assemblage de souvenirs qui a échafaudé leur existence, et tous ces souvenirs me parlent aussi de leurs proches.

Je pense que chacun pourra comprendre pourquoi de telles expériences me manquent. Il est fascinant de se laisser embarquer dans l'univers des autres, et j'ai la volonté d'apprendre ce qu'ils ont à m'enseigner.

Voici une anecdote à méditer, à l'attention des esprits les plus scientifiques : Sir Isaac Newton énonça le premier principe de la thermodynamique, selon lequel l'énergie ne peut être ni créée ni détruite, mais ne fait que passer d'une forme à une autre.

Partant de là, si l'énergie dont nous sommes faits ne peut être détruite, où va-t-elle ? Le bon sens ne voudrait-il alors pas que les esprits avec lesquels je communique soient des énergies qui ont simplement changé de forme après avoir quitté une enveloppe corporelle, et qu'ils aient toujours la capacité de communiquer ? C'est juste la méthode qui diffère, car ils doivent apprendre comment entrer en contact avec les vivants en se connectant à notre propre énergie. Mon point de vue est que les médiums ressentent des vibrations qui sont un moyen d'expression pour les défunts – tout comme les chiens entendent certains sifflements inaudibles pour les humains. Alors, est-il possible que certains humains soient branchés sur une seule fréquence, ou bien se peut-il que l'énergie d'un médium soit manipulée par les trépassés afin que leurs messages nous soient rendus audibles ? Peut-être croyons-nous parfois voir un défunt devant nous, simplement parce qu'il a accès à certaines parties de notre cerveau où l'assemblage de certains fragments nous donne une image complète de cette personne.

Les morts doivent également apprendre à nous parler sans utiliser la voix dont ils étaient dotés durant leur vie. Utilisent-ils les ondes émises par le cerveau des médiums pour leur faire passer des messages sous forme d'images projetées dans leur esprit, grâce à certaines fréquences sonores ou par le système nerveux? (Un peu comme certains chanteurs d'opéra, quand ils parviennent à briser un verre de cristal en maintenant suffisamment longtemps une note sur une fréquence élevée.) Il ne serait pas absurde de penser que la fréquence de l'énergie spirituelle qui demeure après la mort du corps soit récupérée par l'énergie des vivants, et que cela rende possible la communication entre les deux parties par le biais d'une vibration spécifique – ce qui implique la capacité des âmes à manipuler les personnes comme les objets. Newton prétendait que l'énergie ne peut être détruite et qu'elle peut passer d'une forme à une autre. Par conséquent, si l'énergie a la possibilité de se transformer, il est envisageable qu'elle puisse aussi s'adapter à d'autres énergies pour interagir.

Quand je suis en consultation, j'ai l'impression que les défunts peuvent accéder à mes propres souvenirs en s'ajustant à ma fréquence énergétique, et qu'ainsi ils ont accès aux mots dont ils ont besoin pour communiquer, en utilisant la fréquence qui va déclencher tel ou tel sentiment en moi. Par exemple, je sais quel effet le mot «Hawaï» produit sur moi. Je suis allée là-bas, j'ai senti le parfum de l'air et les vibrations de cet endroit. Si un défunt active en moi le sentiment lié à Hawaï, mon système nerveux va le traduire jusqu'à ce que l'extralucide que je suis parvienne à voir clairement le mot « Hawaï » s'afficher dans ma tête, preuve que la personne décédée aura réussi à entrer en contact avec moi. Je sais aussi ce qu'est une musique jouée sur un piano, par exemple. Je suis capable d'identifier l'instrument, ce dont un trépassé peut se servir pour me faire dire : « Je vois un piano en rapport avec le défunt, ce qui me fait croire qu'il jouait de cet instrument. » Je peux aussi avoir l'impression qu'une note de piano est jouée de façon continue dans mon oreille, alors qu'elle n'est en réalité pas audible pour les autres, et qu'il ne s'agit que d'une simple fréquence que mon esprit traduira par « piano ». Si un esprit veut me faire dire « père », il actionnera un levier affectif qui me rappellera l'énergie de mon père, ce qui me permettra de déduire que le défunt est le père du consultant. Dans la même logique, j'ai un peu de mal à identifier l'énergie d'une sœur, n'en ayant pas moi-même. Je pense que vous devez commencer à comprendre ce que je veux dire.

Les personnes décédées qui ont vécu des vies bien remplies et riches socialement ont plus de facilité à contacter les médiums. En effet, de leur vivant, leur énergie était déjà sur le mode de l'empathie. Cette faculté intuitive consiste à se mettre à la place de quelqu'un d'autre : un défunt de nature empathique aura donc moins de difficulté qu'un autre à me cerner et à s'ajuster à ma fréquence énergétique, pour pouvoir ensuite entrer en contact avec moi.

Il me semble également que les défunts qui étaient des personnes sensibles et soucieuses des autres se présentent plus facilement aux médiums que celles au tempérament sec et dur. Nombre de mes « visiteurs de l'autre côté » étaient des bons vivants, dotés de personnalités stimulantes pour leur entourage. À mon sens, il est fort probable que les personnes ayant vécu beaucoup d'émotions variées au cours de leur vie aient acquis une capacité à fonctionner à un niveau supérieur de fréquence, qui continue d'alimenter leur âme quand le corps n'est plus, et que ces esprits distillent encore ce niveau d'énergie aux vivants.

Inversement, ceux qui n'ont pas fait grand-chose de leur vie et se sont conduits en vampires énergétiques pour les autres n'ont guère d'énergie à revendre : au moment du trépas, ils perdent leur corps, or ils n'ont pas une âme assez forte pour pouvoir fonctionner sur une fréquence similaire à celle des vivants. Quand ils étaient en vie, c'est leur corps qui leur permettait de communiquer avec leur entourage, par la discussion, le sexe, l'écriture et bien d'autres moyens encore ; mais, sans leur corps, leur énergie seule ne leur permet plus de se connecter aux vivants.

Nous connaissons tous des personnes qui nous impressionnent par leur énergie : nous aimerions tant savoir où ils la trouvent pour pouvoir également en profiter ! Ces gens ont une tendance naturelle à faire du bien aux autres et à les stimuler. De plus, ils servent souvent d'exemple autour d'eux, ce qui est aussi bénéfique. Cela explique en partie l'amour que nous portons aux chanteurs ou aux acteurs : ils projettent leur énergie sur nous, et nous nous en nourrissons émotionnellement. Lorsque le défunt apparaissant lors d'une consultation se révèle doué d'une faible personnalité, il me faut aller chercher un supplément d'énergie chez le consultant et faire un effort supplémentaire de concentration pour percevoir et déchiffrer ce qui est livré dans ce flux ténu d'énergie.

Je sais que le jour viendra où nous comprendrons mieux comment un médium parvient à relier les morts et les vivants. Plus encore, je crois que nous saurons même identifier le marqueur génétique à l'œuvre dans les familles où cette disposition existe. Même si nous n'avons pas toutes les réponses concernant les esprits ou ceux d'entre nous qui peuvent communiquer avec eux, cela ne signifie pas qu'elles n'existent pas. De la même façon, l'ADN, par exemple, existait depuis que nous étions hommes, cependant ce n'est qu'au début des années 1980 que la science a commencé à l'identifier et à en mesurer la portée. Ce n'est donc pas parce qu'il aura fallu du temps pour que la science appose son sceau sur l'existence de l'ADN que celui-ci n'existait pas déjà depuis longtemps : c'est simplement qu'on ne le comprenait pas encore.

Je considère les extralucides et la vie après la mort de la même manière que de nombreux aspects de la vie qui ont été dénigrés ou incompris par le passé. Personne n'en est responsable. Il ne s'agit que d'un apprentissage normal, lors duquel nous devons garder un esprit ouvert, prêt à évoluer, comme nous l'avons fait de tout temps.

J'ai l'espoir que le fait de partager avec vous ce que j'ai appris en côtoyant les morts aura fait avancer vos connaissances et vos croyances à ce sujet. Mon mari, par exemple, est quelqu'un qui avance si vite que je le vois à peine passer maintenant! Il est friand de toutes les occasions de confronter la science à ce que je fais, en prenant note de toutes mes prédictions et de la façon dont elles sont avérées. J'aime faire des prédictions au niveau mondial, et Joe adore particulièrement les répertorier et suivre l'évolution des situations en question. Nous menons ce suivi ensemble. Voici quelques exemples des prédictions que j'ai faites ces dernières années, afin de vous montrer quelles formes elles prennent.

Le 8 juillet 2001, j'ai eu la vision d'un astronaute dans un engin spatial qui explosait. J'ai questionné Joe à ce sujet.

— N'y a-t-il qu'une seule navette spatiale à avoir explosé?

— Oui, une navette, mais aussi un prototype d'*Apollo*.

— Joe, l'astronaute me montre l'explosion d'une autre navette en plus de ces deux-là. Il me dit que c'est «comme pour *Challenger*».

J'ai poursuivi en décrivant l'homme qui me transmettait ces messages. Il m'apparaissait vêtu d'une combinaison spatiale blanche avec un col de métal, un casque transparent et un drapeau américain fixé sur le bras. L'homme devait avoir une quarantaine d'années. J'expliquai ensuite qu'un câble était à l'origine de l'explosion. Mon brillant époux l'identifia plus tard comme étant Gus Grissom, mort dans l'incendie de sa navette lors du lancement test d'*Apollo 1*, le 27 janvier 1967. Dans ma vision, cet homme m'apparaissait dans une explosion « du même jaune qu'un lever de soleil en orbite ».

Au moment où j'échangeais avec Gus, je ressentais toute son humilité. Je l'ai décrit comme un héros, mais lui ne se considérait que « comme un pionnier ». Je maintiens que c'est un héros. Il me montra Jupiter et les anneaux de Saturne, et me parla ainsi : « Il va y avoir une modification de la rotation qui va changer la portée de la lumière et permettre à la vie de se développer. Il faut observer attentivement Jupiter et Saturne, et pas seulement leurs lunes. »

Les planètes et l'espace avaient beau compter beaucoup pour lui, son message le plus important concernait sa famille. Je ne fais habituellement aucun commentaire sur les gens que je ne connais pas, pourtant il me semble que je dois transmettre son message. J'ignore s'il sera reçu, mais cela ne peut faire de mal à personne, et il me l'a demandé. Gus m'a donc dit : « Je veux que ma famille sache que c'est à eux tous que j'ai pensé avant de mourir. »

Le 1er février 2003, la navette spatiale *Columbia* explosait en plein vol. Un an et demi s'était écoulé depuis que Gus m'avait prévenue que ce jour allait arriver. Imaginez le dilemme que je ressentais. Je ne pouvais pas appeler la NASA pour leur faire part de ma vision – on m'aurait ri au nez et envoyée promener. Je n'interviens que lorsque je suis en position pour aider, ce qui n'était pas le cas. Mais je suis persuadée que Gus a pris soin de l'équipage de *Columbia* comme si c'était le sien, et je sais que notre pays a reconnu la bravoure de ces hommes.

Le 24 avril 2002, j'ai fait la prédiction qu'une découverte archéologique majeure allait révéler ce que les spécialistes estimeraient être le tombeau d'une reine égyptienne. Deux semaines plus tard, le 9 mai, on annonça que des archéologues venaient de découvrir ce qui, en effet, semblait bien être le tombeau d'une telle reine.

Le 29 novembre 2004, j'eus la vision que le pape mourrait en 2005 – prédiction que Joe détailla alors dans son journal. Le pape disparut effectivement le 2 avril 2005. Je vis aussi que celui qui le remplacerait serait quelqu'un de plus moderne, prêt à changer les règles établies par l'Église depuis des siècles. Ce même jour, je fis aussi la prédiction que George W. Bush échapperait à une tentative d'assassinat. Le 10 mai 2005, cette tentative eut effectivement lieu.

Je vous ai fait partager quelques-unes des nombreuses prédictions que j'ai faites sur des événements à l'échelle mondiale. Je me dois de ne pas toutes les révéler, afin de ne pas créer de problèmes quand il s'agit de politique. Hélas, certaines de mes prédictions concernent de grandes tragédies, mais beaucoup d'entre elles sont également source d'espoir pour notre monde. En 2005, j'ai vu de grandes avancées médicales s'annoncer, comme la possibilité de faire croître des organes en dehors du corps – expérience fascinante qui s'est depuis produite. Le cancer sera vaincu, et je suis heureuse de me dire que je serai là pour le voir. Malgré les grands changements qui s'annoncent encore, nous devons donc regarder l'avenir avec espoir et conviction.

10

La véritable Allison DuBois

Vous êtes nombreux à avoir découvert des parties de ma vie grâce à la série télé *Medium*. J'ai la chance d'avoir été incarnée à l'écran par la talentueuse Patricia Arquette. Le rôle de Joe, quant à lui, est tenu par l'excellent Jake Weber, qui est complètement déboussolé par ma personnalité. Notre seul point commun est que nous possédons tous deux un adorable petit carlin ! Jake est un type formidable et, comme le disent tous mes fans, il est aussi très agréable à regarder ! Nous sommes très attachés aux acteurs qui incarnent mes amis et ma famille, comme vous pouvez l'imaginer. L'une des raisons pour lesquelles j'écris des livres consiste à vous faire partager la véritable histoire de ma vie, afin que vous en connaissiez à la fois la merveilleuse version filmée dans *Medium*, ainsi que celle, plus intime mais tout aussi étonnante, qui commença pour moi à Phoenix, voilà déjà bien des années.

J'essaie de terminer chacun de mes livres en vous faisant part des hauts et des bas vécus depuis l'ouvrage précédent. Voici donc ce que j'ai appris cette année. Je commencerai par les aspects les moins faciles, pour terminer sur une note plus positive.

En devenant un personnage public, j'ai appris que les journalistes ne disent pas que des choses exactes à votre sujet. Plusieurs amis célèbres m'avaient prévenue que cela ne manquerait pas de m'arriver, et que l'on ne reçoit jamais la moindre excuse après ce genre d'attitude malhonnête. Un jour, un certain journaliste – si l'on peut utiliser ce terme – écrivit un article me concernant, truffé d'erreurs et tout à fait insultant. Je ne saurais vous décrire la confusion qui m'envahit lorsque quelqu'un invente des choses à mon sujet, juste pour coller à son propos. Cela ne concerne d'ailleurs pas que les journalistes, mais aussi certaines personnes que j'ai croisées au cours de ma vie, et qui prennent un malin plaisir à colporter des insanités à mon sujet. Je trouve cela répugnant. Les magazines ne s'excusent jamais pour leurs erreurs, et les journalistes se tiennent généralement à distance des polémiques qu'ils ont eux-mêmes suscitées.

Celui-ci n'avait pas fait correctement son travail. Je pense notamment qu'il a volontairement ignoré les informations en ma faveur. Aurait-il manqué le reportage impartial et fort bien documenté diffusé sur CNN lors de l'émission « Paula Zahn Now », dans lequel le bureau du shérif local confirme avoir travaillé avec moi sur une affaire, après que nous avons été mis en contact par les Texas Rangers[1] ?

Ma collaboration même avec les Texas Rangers, lors de ma première affaire criminelle, voici des années, avait été remise en question, alors qu'elle était bien réelle. Pour des raisons probablement politiques dans leur organisation interne, ceux-ci nient toujours avoir travaillé avec moi, mais d'autres structures extérieures ont confirmé aux médias qu'elles étaient présentes lorsque les Texas Rangers sont venus me chercher à l'aéroport. Je remarque donc que ceux qui m'ont un jour appelée à l'aide se retrouvent soudain frappés d'amnésie quand il s'agit d'évoquer notre collaboration, cependant, comme je le dis souvent, on ne fait pas d'omelette sans casser des œufs.

Je ne comprendrai jamais ce qui peut tant les effrayer ; en ce qui me concerne, je connais la vérité, et je dois continuer à croire en moi. Laisser des gens vous saper le moral et vous détourner de votre chemin reviendrait à trahir ce que l'on est et ceux qui croient en vous. Ce n'est que récemment que j'ai pris conscience du fait que j'avais du mal à suivre mon propre conseil, celui que mes amis et mon mari me répètent pourtant souvent, mot pour mot. Ils disent avoir un jour entendu ce précepte de la bouche d'une femme très sage, ce qui m'amuse beaucoup.

Nous recevons tous des coups de couteau à l'âme au cours d'une vie. J'accepte généralement

1. Les mères contre l'alcool au volant. *(N.d.T.)*

que cela m'affecte l'espace d'une journée, avant de me rappeler que je conseille aux gens d'écrire ce qui les met en colère, puis de brûler le papier – effet thérapeutique garanti. Mais, cette fois, au lieu de brûler ces notes, j'ai décidé de les publier. La meilleure façon de couper les ailes de ceux qui vous veulent du mal consiste souvent à les exposer en pleine lumière. J'ai en effet remarqué que ceux qui aiment jeter de la boue sur un mur pour voir si elle va s'y accrocher, détestent se retrouver eux-mêmes sous les projecteurs. J'ai donc transféré l'énergie de ma frustration sur le dos de ceux qui ont menti à mon propos, et restauré ainsi l'équilibre avec moi-même.

N'hésitez donc pas à coucher sur papier ce qui vous pose problème dans la vie, et réfléchissez à la façon dont vous pourriez transformer ce négatif en positif. Le fait de formuler mes sentiments par écrit m'a ainsi permis de me débarrasser, au niveau physique et énergétique, des contre-vérités assénées par un mauvais journaliste. Nous avons probablement tous été un jour victimes de mensonges à notre sujet. Mais ne laissons pas les autres nous blesser impunément de cette façon. En ce qui me concerne, j'ai décidé de ne plus me laisser atteindre par ce genre de crapule ! N'est-ce pas une bonne résolution ?

Quelque temps plus tard, par une froide et grise journée de janvier, j'ai levé les yeux vers un ciel rempli de lourds nuages, et j'ai demandé : « Alors, c'est ça ? C'est à ça que va ressembler le reste de ma vie ? » Et j'ai entendu cette douce voix qui me guide depuis toujours : « Ils ne peuvent t'enlever ce qui t'a été donné. » Je suis demeurée silencieuse, et un immense sourire intérieur m'a envahie, dans une pleine conscience, comme on n'en ressent que rarement au cours d'une vie. J'entendis alors : « Il y a l'enfer dans tes yeux, mais c'est le paradis qui est dans ton cœur. »

À ce moment précis, je me suis sentie en pleine possession de moi-même, et bien consciente que je ne pouvais laisser quiconque me juger ou m'enlever ce qui ne lui appartenait pas. Les personnes spirituelles ont aussi leurs limites.

J'ignorais que les « sceptiques professionnels », comme je les appelle, ont des sortes de clubs qui envoient l'un des leurs dans nos manifestations, simplement pour donner du fil à retordre aux médiums. Dans ces clubs de sceptiques, on apprend à attirer l'attention des médias et à parler plus fort que les autres. Je tiens directement ces quelques règles de base de l'une de leurs réunions… car nous aussi avons des agents pour infiltrer leurs rassemblements – qui sont très drôles, soit dit en passant. L'ironie de la chose, c'est qu'ils ne font finalement que renforcer notre position ; ce dont je les remercie.

Les voyants essaient d'aider les personnes en détresse, donnant par conséquent beaucoup de leur personne pour la paix de l'esprit des autres. Nous mettons parfois en œuvre des efforts monumentaux dans ce dessein, et il ne saurait en être autrement. Je me demande toujours si les « sceptiques professionnels » trouveront un jour un autre hobby – mais je pense connaître la réponse. Qu'importe ! C'est ma voie et j'en suis fière, même si ce n'est pas facile tous les jours.

J'espère que mes conseils pourront vous être utiles. En voici un autre : pensez à respirer ! Cela peut sembler simpliste, néanmoins beaucoup de personnes sont tellement tendues que leur respiration se réduit à une série de souffles courts et vides, alors que de grandes inspirations profondes et régénératrices aident vraiment à se sentir mieux.

Un autre des obstacles rencontrés cette année concerne une consultation que j'ai donnée à une femme célèbre, dont je tairai le nom. Pensant pouvoir l'aider, j'avais accepté de la rencontrer à la suite de sa sollicitation. Or, durant la consultation, elle restait assise cinq minutes, puis courait enregistrer une séquence et revenait pour repartir encore quelques minutes plus tard. Je me sentais vraiment prête à plier bagage, les séances ne pouvant se passer de cette façon. Son attitude était franchement impolie. Après m'avoir fait perdre environ une heure de mon temps à l'attendre, voilà soudain qu'elle me déclare : « Eh bien, vous auriez tout aussi bien pu trouver cette information sur Internet. »

Je restai abasourdie. Pourquoi m'avait-elle donc demandé de venir si c'était pour que les choses se passent ainsi ? Tout d'abord, son propos était foncièrement agressif. Ensuite, nous n'étions même pas en interview – c'est un autre présentateur qui devait ensuite s'en occuper. À ce moment-là, j'étais juste là pour elle, ni pour les caméras, ni pour l'argent ou quoi que ce soit d'autre. Bref, ce fut un fiasco total. J'ai retenu la leçon suivante : il est inutile de donner des consultations à des célébrités, puisque tout ce qui les concerne se trouve déjà sur Internet (je plaisante) !

Fort heureusement, j'ai également eu affaire à beaucoup d'autres personnes connues qui se sont montrées ravies de leur consultation – peut-être parce qu'elles sont restées assises à vraiment écouter ce que je disais. J'imagine que c'était un conflit de personnalités. Sans qu'on sache le pourquoi, certaines personnes sont incompatibles. Celle-là ne m'a même pas remerciée. En revanche, elle a pris le temps de se plaindre d'autres voyants qu'elle avait rencontrés ; et je pense que j'ai récolté pour eux ! En tout cas, aucune consultation digne de ce nom n'est possible quand le consultant quitte la pièce toutes les cinq minutes, pour revenir quelques minutes plus tard. Lors d'une séance, il convient d'écouter attentivement le médium, et de ne pas se présenter en mangeant des chips ou en consultant son agenda. Ce faisant, c'est au défunt qui tente de vous parler que vous manqueriez de respect, encore plus qu'au médium qui vous accompagne.

Quelle année ! Vous commencez à deviner les aspects les moins brillants de mon activité. Mais je sais bien que ce type d'anecdotes fait tout simplement partie de la vie, et que je ne suis pas la seule dans ce cas. Un autre inconvénient que j'ai dû accepter en tant que médium, c'est que ma présence perturbe les équipements électroniques. Le phénomène se fait de plus en plus insidieux depuis les années 1990, où presque tout est devenu électronique. J'ai pensé qu'il pourrait être amusant d'illustrer par un exemple la façon dont je peux interférer avec ces appareils. Voici une anecdote telle qu'un journaliste l'a rapportée.

En trente ans de journalisme, il m'est arrivé d'être confronté à pas mal de situations insolites. Me retrouver coincé au sommet d'une montagne de l'Utah avec Jon Bon Jovi. Secourir le chien de Shannen Doherty, tombé dans une piscine. Rencontrer Faye Dunaway. Mais, pour ce qui est du grand frisson vers l'inconnu, je dois dire que c'est Allison DuBois qui me l'a procuré.

Notre premier échange avait pour cadre un article que je devais consacrer à son alter ego à la télé, l'actrice Patricia Arquette. Nous avions rendez-vous sur le plateau de *Medium*, et je ne savais trop à quoi m'attendre. Avant même que nous n'ayons commencé, elle me demanda si j'avais apporté un magnétophone de secours, des phénomènes étranges pouvant se produire en sa présence. Elle me suggéra également de prendre des notes. Ce n'était certes pas la façon habituelle de débuter une interview, toujours est-il que je ne me laissai pas troubler.

Nous avons ensuite discuté pendant une heure et demie environ. Lorsque l'entretien fut terminé, je rembobinai un peu la bande pour m'assurer que tout avait bien été enregistré. Mais, au lieu de la voix d'Allison, il n'y avait que le silence. Je rembobinai encore un peu. Toujours ce silence. Je revins au début de l'enregistrement : il n'y avait absolument rien. Ne comprenant pas comment cela avait pu se produire, je pris mon magnétophone pour faire un test avec ma voix dans une autre pièce. L'enregistrement avait cette fois fonctionné. Je fis d'autres interviews ce jour-là, sans avoir le moindre problème avec mon matériel.

Il est facile de se moquer d'Allison, mais j'ai retenu une leçon de notre entretien : mieux vaut garder l'esprit ouvert en toutes circonstances. Et prendre note de tout ce qu'elle dira, la prochaine fois, plutôt que d'essayer de l'enregistrer !

Craig Tomashoff

J'ai aussi connu de fabuleux moments lors de cette dernière année. Notamment lors d'une fort agréable tournée au Royaume-Uni pour la promotion de mon deuxième livre. J'ai eu beau hurler à travers les grilles du palais royal que j'étais de la famille de la reine, on ne m'a pas laissée entrer. Tant pis ! J'ai rencontré des gens très intéressants à Londres. Niki, de chez Sci-Fi Channel, chaîne en charge du lancement de la série *Medium* en Grande-Bretagne, s'est notamment montré des plus accueillants envers moi.

Nous étions en pleine interview filmée lorsqu'on me posa des questions sur Jésus et sur Dieu. Je sais maintenant que certains sujets doivent être évités par les producteurs, et celui-ci en fait partie. À peine ces mots avaient-ils été prononcés par le présentateur que le grand rideau de velours noir tendu derrière moi – et pourtant maintenu par des dizaines de pinces – s'effondra d'un seul coup.

C'était très amusant : jamais je n'ai vu animateur changer aussi vite de sujet !

Le plus drôle est que, quelques semaines plus tard, alors que je me trouvais en tournée à New York, je décidai de raconter cette histoire à la présentatrice Paula Zahn. Celle-ci me demanda comment elle pouvait être certaine qu'il y avait là quelque chose de paranormal, puisqu'elle n'avait pas été là pour le voir. Un grand rideau de velours noir, en tous points semblable à celui de Sci-Fi à Londres, habillait le plateau de l'émission de Paula. Le sang des cameramen et autres techniciens se glaça lorsque le rideau tomba d'un coup par terre. Ellen, mon agent, devenait folle. De mon côté, j'essayais de garder mon sang-froid pour répondre aux questions très précises de Paula. Je dois d'ailleurs souligner combien cette femme fait un excellent travail. Parmi toutes les interviews que j'ai données ces dernières années, ce sont les deux seules où le rideau du décor s'est effondré. Comme je l'ai dit à Joe : « Ce n'est pas moi. Ne me regarde pas comme ça, dis-leur, à eux ! »

Le 8 février 2007

J'apprends chaque jour des choses à mon sujet comme à celui des autres. Ce jour-là, j'ai vu à la fois le meilleur et le pire de ce que les gens peuvent être. J'étais invitée à un talk-show populaire, dont le sujet était : « Y croyez-vous ? » Nous serions quatre : l'animateur, un psychologue qualifié chargé de recherches, une sceptique du public qui se présentait comme scientifique, et moi-même.

Avant d'arriver sur le plateau, je repensais à la soirée précédente, alors que j'attendais Joe au restaurant de l'hôtel. Tout semblait parfaitement normal, lorsque je sentis que quelqu'un sollicitait mon attention et s'approchait. Ma tête pivota rapidement en direction d'un homme, de l'autre côté de la salle, et je remarquai que lui aussi s'était instantanément tourné vers moi. Nous nous sommes dirigés l'un vers l'autre sans mot dire, jusqu'à ce que je comprenne de qui il s'agissait – nous nous étions parlé une fois au téléphone, mais c'était la première fois que nous nous trouvions au même endroit. Cet homme était John Edward, un voyant également réputé. Heureuse de croiser enfin son chemin, je l'invitai à ma table, ainsi que son ami John, et nous avons pu discuter ensemble d'histoires de médiums.

Le producteur avait programmé mon passage juste après celui de John. Alors qu'il quittait le plateau, je le félicitai pour sa prestation et le serrai dans mes bras avant d'aller prendre sa place. En regardant le public, je reconnus les visages des deux personnes à qui j'avais fait une consultation pour une des séquences de l'émission. Je me sentis également rassurée en y voyant mon mari et certains de nos amis. L'enregistrement de l'émission se déroula au mieux et j'appréciai la majorité du public, qui se montrait ouvert d'esprit – à l'exception de six enragées au rang du fond, porte-drapeau des sceptiques, qui étaient clairement minoritaires.

Toutes les six se ressemblaient tellement qu'elles auraient pu être sœurs. Étonnant !

Je vais tenter de vous décrire la situation sans en rajouter dans le sarcasme et l'humour, ce qui n'est pas si évident pour moi – soyez donc indulgents ! Ayant eu l'occasion, par le passé, d'effectuer des tests sur mes dons parapsychologiques en laboratoire avec des spécialistes, ce petit groupe de sceptiques ne m'impressionnait nullement. Lorsque l'une d'entre elles se mit à parler, je ne pus m'empêcher de voir en elle l'un de ces personnages caricaturaux de sorcière, comme on en trouve dans les livres et dessins animés pour enfants. J'entendais même une musique et un rire sardonique.

Par chance, le fait d'avoir participé pendant quatre ans à des tests en laboratoire m'a procuré une bonne connaissance de tous les aspects de la médiumnité, et une maîtrise certaine des protocoles en ce domaine. Je réduisis donc facilement à néant toutes ses objections. On diffusa ensuite un reportage montrant la consultation faite avec un autre médium très connu. Cette femme était réellement insupportable. Même les personnes qui n'étaient pas convaincues par le sujet semblaient exaspérées par son énergie négative. J'essayais malgré tout de lui trouver un semblant de sympathie, mais chaque nouvelle parole de sa part me rappelait qu'il n'y a vraiment rien à attendre de certains individus. Sincèrement, le médium qui s'occupa d'elle fit du très bon boulot, au vu du sujet qu'il avait en face de lui. Il parvint à contacter un défunt et à en obtenir des détails bien précis, mais, pour y croire vraiment, cette femme voulait que son père soit littéralement ressuscité devant elle ! Or, nous ne sommes tout de même pas Dieu !

Plus tard, je m'adressai à cette femme pour lui dire qu'elle était passée à côté d'une occasion formidable, celle d'avoir pour elle un médium de talent, prêt à lui consacrer du temps pour atténuer ses blocages. Je l'informai aussi que, en empêchant le médium de se connecter avec elle, c'est son propre père qu'elle avait rejeté. C'est la triste vérité.

Dean Radin, le scientifique présent sur le plateau, m'inspira beaucoup de respect. Spécialiste de l'étude du paranormal, cet homme ne ménage pas ses efforts pour tenter de comprendre comment fonctionnent nos esprits. Il ne me gêne pas du tout d'écouter des spécialistes parler froidement de leurs études sur le paranormal, sans la moindre implication émotionnelle. Au contraire, j'aime entendre les théories des gens cultivés sur ce que je pratique. Ils en ont autant à m'apprendre que mon voisin de palier, sur un mode différent. Mais, en regardant la sceptique s'énerver et transpirer de plus en plus, j'avais l'impression de me retrouver à l'école primaire, devant une gosse de huit ans sur le point de piquer sa crise.

Quelles que soient les données scientifiques qu'on lui présentait, elle refusait catégoriquement de sortir de son scepticisme. Nous avions fait des consultations enregistrées pour l'émission, prouvé notre talent, et étions sûrs de nous, c'était clair. Je me souvins que mes guides m'avaient un jour dit ceci: «Ils ne peuvent t'enlever ce qui t'a été donné.» Il est vrai que nul ne peut nous retirer nos dons sans notre accord. Cela vous appartient, en dépit des jalousies qui peuvent survenir. Fiez-vous à votre vérité, et aimez-vous tel que vous êtes.

Sachant que nous avions tout exposé clairement, je ne pouvais que me sentir à l'aise dans ce débat. Mon brillant mari Joe fit pertinemment remarquer que si je demandais à cette sceptique de remplir une pièce avec les personnes qu'elle a aidées au cours de son existence, et que nous faisions la comparaison avec ceux à qui je suis, moi, venue en aide, la question de savoir qui avait une vie meilleure ne se poserait même pas! Joe a ce talent de toujours trouver les mots qui me font du bien. Et il sait combien je suis fière d'avoir pu aider des gens à reprendre goût à la vie – c'est même mon principal moteur.

Le temps passant, il devenait pénible de voir les personnes que j'avais reçues en consultation pour l'émission assister à pareil spectacle. Par rapport à ce qu'elles avaient vécu, l'attitude de cette femme commençait à les heurter personnellement. Je me demande toujours quel est le but ou l'avantage de se montrer à tel point sceptique. Je pense notamment à ce couple venant de perdre un enfant, six mois auparavant, et se trouvant en face d'une sceptique déchaînée qui ne se souciait que d'avoir raison. J'étais heureuse que ma consultation ait pu leur apporter du réconfort, mais cette femme s'acharnait à leur saper le moral avec toute sa négativité, ce qui me mettait en colère. Nous devons tous soupeser ce que nous communiquons aux gens, surtout lorsqu'ils sont en souffrance. La vie avance parfois tellement vite que nous avons tendance à nous renfermer affectivement lorsque nous sommes confrontés à la souffrance des autres, au risque de devenir dur et centré sur soi. Il faut être vigilant à ne pas laisser pareil phénomène se produire, étant donné que cela dilapide notre spiritualité et peut provoquer des ravages, en nous-même comme parmi notre entourage.

Au moment de partir, j'ai remercié les producteurs d'avoir invité cette femme sceptique à l'émission, car elle nous a probablement rendus encore plus sympathiques aux yeux des téléspectateurs. Cela dit, ce n'était pas une personne insensible aux prières, alors pourquoi ne pas prier pour elle en même temps que pour tous ceux qui en ont besoin? Après tout, les révélations peuvent arriver à tout le monde.

L'énergie est une chose puissante, à laquelle je vous invite à prêter attention. J'ai connu des gens qui étaient le centre de l'attention dans tous les groupes grâce à leur forte énergie, et à leur faculté de stimuler celle des autres. *A contrario*, nous connaissons tous des personnes qui nous vident littéralement de notre énergie, et qui nous laissent une impression de malaise. Ces exemples devraient nous encourager à faire plus attention à notre énergie, et à la manière dont elle influence, pour le meilleur ou pour le pire, ceux qui nous entourent.

Quoi qu'il en soit, cette émission restera gravée comme l'un des meilleurs souvenirs de mon existence ! Et vous, quels sont vos meilleurs souvenirs ? Prenez la peine d'y songer.

De mon côté, j'ai rencontré ce jour-là l'une de mes stars de la télévision préférées, et passé du temps avec des personnes que j'adore. Je me suis fait de nouveaux amis, et j'ai pu transmettre le flambeau, ce qui est vraiment une métaphore que j'affectionne pour parler de la sagesse et de l'énergie positive que l'on peut insuffler aux autres, y compris à ceux de l'autre côté du réel.

L'année passée a été riche pour moi en matière de quête spirituelle. C'était un gros défi, lors duquel je me suis comme d'habitude reposée sur tout ce que m'apporte ma petite famille. Mes enfants me rappellent chaque jour combien la vie est fantastique, que ce soit quand Fallon me déclame son amour à la façon d'une chanteuse d'opéra, quand Sophia habille notre chienne Eleanor en agent de police, ou quand Aurora me regarde d'un drôle d'air, de ses yeux si semblables aux miens que je me sens toute perturbée d'être regardée par mes yeux ! Dernièrement, Fallon a chanté une chanson pour l'anniversaire de son institutrice. Elle avait choisi la chanson « Superstition » de Stevie Wonder, et sa prestation a déclenché un tonnerre d'applaudissements. Sophia fait de la gymnastique et adore se contorsionner. Aurora, quant à elle, est pom-pom girl dans son lycée et commence à découvrir les garçons. Tout un programme !

J'ai en fait l'impression d'avoir plus que trois filles, car les actrices qui les incarnent à l'écran me sont aussi très chères. L'un de nos meilleurs souvenirs date de février 2007. Nous étions avec Maria Lark, la petite comédienne charismatique qui joue le rôle de Fallon dans *Medium*. Maria est venue passer le week-end à la maison, et ce fut un véritable plaisir de l'avoir avec nous, comme si elle faisait partie de la famille.

Nous avons emmené Maria dîner au Pinnacle Peak Patio, où les cravates de mes arrière-grand-père, grand-père, père, frère et maintenant mari sont accrochées au plafond. Voici pourquoi : il s'agit d'un restaurant à thème de style western. Depuis des lustres, on apostrophe ici les clients qui arborent une cravate en les traitant de « citadins, » puis on la leur enlève pour l'accrocher au plafond. C'est une vieille tradition de l'Arizona. Ce jour-là, j'avais mis des cravates à mes quatre filles – en comptant Maria. Je les ai prévenues qu'elles seraient les premières femmes de notre famille à avoir leur cravate suspendue ici, ce qui les fit mourir de rire. Elles trouvaient incroyable qu'aucune d'entre nous n'ait jamais osé en porter ici auparavant. J'ai pris de superbes photos de Maria et Fallon en plein rodéo sur le cheval mécanique, Maria coiffée d'un chapeau de cow-boy noir, Fallon avec un arc et des flèches. Elles se sont liées d'amitié et ont échafaudé des projets d'avenir, comme aller au lycée ensemble et partager le même appartement.

Le mardi arriva, et Maria dut rentrer chez elle, en Californie. Joe l'emmena à l'aéroport avec sa mère, Peggy, et me rapporta la scène déchirante des adieux entre les deux amies, dont les yeux étaient remplis de larmes. Fallon déclara qu'elle allait s'acheter un billet pour pouvoir se rendre en Californie, et Maria affirma qu'elle voulait rester en Arizona pour toujours. Elles nous informèrent, Joe et moi, de leur désir de vivre ensemble quand elles seraient grandes, et qu'il y aurait un distributeur de chewing-gums dans leur maison. Je trouvai l'idée excellente ! Nous avons déjà prévu de rendre visite à Maria en Californie dans quelques semaines, puisque je dois m'y rendre pour mon travail.

Il est étrange que Maria et Fallon se ressemblent autant – toutes deux détestent le rose, par exemple, ce qui n'est pas si fréquent pour des filles de leur âge –, et que l'une incarne l'autre à la télévision. J'espère que ceux d'entre vous qui suivent la série *Medium* trouveront leur histoire aussi touchante que moi.

J'éprouve aussi une sorte de sentiment maternel envers Sofia Vassilieva, qui joue le rôle d'Aurora, et ce n'est que récemment que j'ai fait la connaissance d'une des jumelles qui incarnent ma Sophia. Amanda ressemble tellement à Sophia quand elle avait cet âge que j'ai bien failli la ramener avec moi à la maison ! Je ne croyais pas que je m'attacherais autant à ces petites filles. Je sais maintenant qu'elles feront toujours partie de la famille DuBois.

Je compte emmener mes filles à Tokyo avec moi cet été pendant ma tournée là-bas. Elles sont maintenant assez grandes pour pouvoir venir à l'étranger avec nous, et puis elles meurent d'envie de manger de vrais sushi avec leur papa. Nous devrions bien nous amuser.

Je suis heureuse d'avoir décidé de reprendre les consultations, et d'avoir plus de temps pour voyager avec ma famille. Je suis une maman comme les autres pour mes filles, ce qui me convient très bien.

J'ai eu la chance de rencontrer des gens du monde entier, cette année. Mon premier livre est sorti en Italie, en France, en Allemagne, en Chine, au Japon, en Australie, en Nouvelle-Zélande, au Royaume-Uni et dans d'autres pays encore. Je ne peux exprimer toute la gratitude qui m'envahit face aux témoignages d'affection, pour moi et ma famille, que je reçois, en provenance du monde entier. Il me tarde que mes filles découvrent de nouvelles cultures et apprennent des langues étrangères. Il n'est pas forcément aisé de concilier les impératifs d'une tournée avec des « vacances » quand on travaille seize heures par jour, mais le jeu en vaut la chandelle, et les filles auront ainsi de formidables souvenirs quand elles seront grandes. Et c'est important, n'est-ce pas ?

Je suis toujours aussi fière d'être la mère de mes filles. Je me sens privilégiée, et je sais que beaucoup de parents ressentent la même chose envers leurs enfants. Les bons moments effacent rapidement les mauvais, et j'ai appris tellement de choses. Il me semble que tant que l'on a les outils pour faire face aux moments difficiles, on s'en sort bien. Pour cela, il ne faut jamais considérer les bons moments comme un acquis, mais continuer à s'en réjouir. Partager ces instants avec d'autres personnes permet d'améliorer leur moral, et les encourage à vouloir reproduire ces moments heureux. Alors passez le mot : vivez à fond, ne vous excusez pas d'être qui vous êtes, et aimez-vous les uns les autres ! Si vous faites tout cela, vous n'aurez aucun regret sur la vie qui aura été la vôtre.

Je suis émue à l'idée de devoir conclure ce livre, car il clôture ma trilogie. Beaucoup de choses ont changé pour moi depuis *Nos proches ne meurent jamais*, qui relatait la mort de mon père. J'ai grandi. Et si la vie me donne souvent des réponses à mes questions, la mort m'en pose toujours davantage. Mon deuxième ouvrage, *Nous sommes leur paradis*, donnait la parole aux personnes que j'ai vues en consultation, et qui voulaient bien témoigner de leur expérience, ainsi que de leur parcours personnel après la perte d'un être cher, après une maladie, un suicide, etc. L'objectif de ce troisième livre était d'insuffler en vous l'envie de vivre, de changer votre perspective sur les choses, de vous faire partager les expériences qui m'ont mise à l'épreuve pour vous montrer comment je les ai affrontées, et, enfin, bien sûr, de rappeler à chacun qu'il y a bien une vie après la mort.

N'oubliez jamais l'importance de bien communiquer avec votre entourage, et, si le cœur vous en dit, utilisez mes conseils pour faire de même avec les défunts : vous pourrez ainsi vivre l'équivalent de deux ou trois existences en une seule ! Il est possible de tenir plusieurs rôles au cours d'une vie ; ne vous privez pas de devenir ce que vous êtes appelé à être, et d'en retirer une pleine satisfaction. J'espère que vous aimez la personne que vous voyez quand vous vous regardez dans un miroir. Si tel n'est pas le cas, sachez que, tant que vous êtes en vie, il n'est jamais trop tard pour opérer les changements nécessaires.

Peu de choses sont aussi gratifiantes que d'être une voix dont l'écho touche les autres, une voix capable de résonner profondément en eux, une voix qui leur permette de comprendre et d'appliquer les notions qui les aideront à avoir une vie plus belle, plus épanouie. J'ai personnellement cet espoir – celui que mes mots vous touchent.

Si mon existence a inspiré une série télévisée, ma vie de famille n'en est pas moins réelle et chaque jour improvisée. Mes filles se disputent et jouent ensemble, comme dans tous les foyers. Joe et moi sommes mariés depuis longtemps, et nous rencontrons des hauts et des bas, comme tous les couples, mais l'amour est toujours là. Notre maison est souvent plongée dans une sorte de chaos, avec des piles de linge qui s'élèvent dans la buanderie. Les filles aiment m'aider à cuisiner, et nous faisons de nos vacances des jours de fête en mettant en place de nouvelles décorations et en préparant de bons petits plats. Lorsque je suis en tournée, un sentiment de manque m'envahit, et j'ai toujours hâte de retrouver ma famille. J'aime leur rapporter des souvenirs de chacun de mes déplacements, et je me sens comblée lorsque mes filles se jettent sur moi pour me couvrir de baisers et de câlins après une absence. J'ai certes eu la chance d'être immortalisée par une série, mais c'est avant tout dans l'esprit de mes enfants que je perdurerai.

Je n'ai pas peur de la mort. Je fais tout pour la connaître et pour transmettre aux autres toute la sagesse qu'elle contient. Tant de leçons de vie peuvent nous être données par la mort ! Je veux dire par là que, à partir du moment où l'on sait que l'histoire a une fin, on doit faire en sorte que son contenu soit un chef-d'œuvre. Il ne faut pas gaspiller cette existence, mais montrer l'exemple en étant fort et plein d'affection pour son entourage.

Faites en sorte d'être fier de l'histoire de votre vie. Si tel n'est pas encore le cas, mettez-vous au travail ! Aspirez à une existence qui ait valeur d'exemple pour les autres, et les inspire. Ne vous contentez jamais d'une vie où vous ne faites qu'exister, et qui ne sera pas pleinement accomplie. Vivre une existence dénuée de sens et de contenu reviendrait à gâcher tout ce qui vous a été donné en cadeau. Il est à la portée de chacun de s'asseoir et de regarder passer la vie ; mais il faut du cœur et du courage pour se lancer vraiment dans cette belle aventure.

Lorsqu'il m'arrive de trop me regarder le nombril ou d'avoir le moral en berne, je repense à la migration du monarque, et je me rappelle que personne ne peut faire ce voyage en solitaire. Nous avons besoin des autres pour avancer. Le monarque, si libre et si éclatant, a toujours symbolisé la vie à mes yeux. Cette simple pensée suffit à balayer ma mauvaise humeur, et à la remplacer par la conscience que l'un des mots les plus beaux et les plus forts, « la vie », est un véritable cadeau qui nous a été donné pour que nous puissions l'aimer et l'explorer. Je vous souhaite donc de faire bon usage de votre cadeau, comme je le fais du mien.

Table

Cet ouvrage a été composé
par Atlant'Communicaton

Impression réalisée par
CPI France
en novembre 2016
pour le compte des Éditions Archipoche

Imprimé en France
N° d'édition : 410
N° d'impression : 3020309
Dépôt légal : juillet 2016